TRAINING

Gymnasium

Französisch Wortschatzübung

Niveau B1

Christiane Heller-Doyère
Werner Wußler

STARK

Bildnachweis
Umschlag: Boulekugeln: © Myriam Klink, 2004
S. 1: Paris: © Basti (exip)/Pixelio.de
S. 25: Skifahrer: © wanty/Fotolia.com
S. 37: Marktstand: © LNebraska/Fotolia.com
S. 49: Museum: © 47 media/Fotolia.com
S. 73: Ausschreitungen: © Alain Bachellier/Fotolia.com

www.stark-verlag.de
1. Auflage 2001

Inhalt

Verfasst von: Christiane Heller-Doyère, Werner Wußler
Illustrator: Aleš Vrtal

Abkürzungsverzeichnis

adj	Adjektiv *(adjectif)*
subst	Substantiv *(substantif)*
etw.	etwas
f.	weiblich *(féminin, e)*
m.	männlich *(masculin, e)*
inform	Informatik *(informatique)*
jdn.	jemanden
jdm.	jemandem
pop	umgangssprachlich *(populaire)*
pl.	Plural *(le pluriel)*
sing.	Singular *(le singulier)*
qc	etwas *(quelque chose)*
qn	jemand *(quelqu'un)*

Vorwort

Liebe Schülerin, lieber Schüler,

Vokabellernen muss nicht langweilig sein. In diesem Buch haben wir viele **abwechslungsreiche Übungen** zusammengestellt, um dir das Vokabellernen leichter zu machen. Die Übungen orientieren sich an dem Wortschatz, den du auf dem Niveau B 1 des Gemeinsamen europäischen Referenzrahmens beherrschen solltest. Um dir die Möglichkeit zu geben, den Wortschatz einzuüben, den du für ein bestimmtes Thema brauchst, haben wir den **Wortschatz nach Themen geordnet**. Somit kannst du dich auch gezielt auf Klassenarbeiten bzw. Schulaufgaben vorbereiten.

Bevor du beginnst, noch ein paar **Tipps**, wie du am besten vorgehst:

- Die Reihenfolge der Bearbeitung ist beliebig. Vielleicht beginnst du am besten mit dem Thema, das ihr gerade in der Schule behandelt.
- Wenn du dich für ein Thema entschieden hast, lies zuerst die Vokabeln durch und versuche, dir so viele wie möglich einzuprägen, bevor du die erste Übung in Angriff nimmst.
- Die Reihenfolge der einzelnen Übungen ist ebenfalls beliebig. Wenn dir eine Lösung nicht einfallen will, versuche, sie im *champ sémantique* zu finden. Bei dieser Suche werden sich als willkommener Nebeneffekt noch andere Vokabeln einprägen.
- Benutze den **Lösungsteil** nur, um deine Arbeit zu überprüfen.

Im **ActiveBook** findest du viele Aufgaben in digitaler Form. Du kannst online über die Plattform **MyStark** darauf zugreifen. Deinen persönlichen **Zugangscode** findest du auf der Innenseite des Umschlags.

Ein **Video** zeigt dir außerdem, wie du mithilfe von **Lernstrategien** deinen **Wortschatz** erweitern und festigen kannst. Zum Video gelangst du über folgenden QR-Code bzw. Link:

http://qrcode.stark-verlag.de/vokabellernen-franzoesisch

Wir wünschen dir viel Spaß und Erfolg bei deiner Arbeit mit diesem Buch!

Christiane Heller-Doyère

Werner Wußler

Hinweise zum ActiveBook

So schreibst du die Akzente, den Apostroph und die Cedille:

- é *(accent aigu):* Drücke zuerst , dann die Taste des Vokals, auf dem du den Akzent platzieren möchtest.
- è *(accent grave):* Drücke gleichzeitig  und , dann die Taste des Vokals, auf dem du den Akzent platzieren möchtest.
- ê *(accent circonflexe):* Drücke zuerst , dann die Taste des Vokals, auf dem du den Akzent platzieren möchtest.
- l'heure *(apostrophe):* Drücke gleichzeitig  und .
- ç *(cédille):* Die Cedille findest du, wenn du im ActiveBook auf den Σ-Button neben einer Lücke klickst.

Achte außerdem darauf, dass du zwischen zwei Wörtern immer nur ein **Leerzeichen** setzt und nicht aus Versehen zwei oder mehr.

Paris – Capitale de la France

Le palais de Chaillot et les jardins du Trocadéro

1 Champ sémantique

Vocabulaire

admirable	wunderbar, bewundernswert
admiration (f.)	Bewunderung
admirer	bewundern
ancien, ne	ehemalig, alt
animé, e	belebt, verkehrsreich
arrondissement (m.)	Bezirk
attirer	anziehen, anlocken
attraction (f.)	Sehenswürdigkeit, Schauspiel
au milieu de	in der Mitte von
avenue (f.)	Avenue, Prachtstraße
banlieue (f.)	Vororte
bateau-mouche (m.)	Touristenschiff
boulevard (m.)	Boulevard, breite Straße
bouquiniste (m.)	Antiquariatsbuchhändler
bruyant, e	laut, lärmend
calme	ruhig
capitale (f.)	Hauptstadt
caractéristique de	charakteristisch, typisch für
cathédrale (f.)	Kathedrale, Dom
célèbre	berühmt
central, e	zentral
centre (m.)	Zentrum
charme (m.)	Charme, Reiz
cimetière (m.)	Friedhof
circulation (f.)	Verkehr
circuler	fahren, verkehren
clochard, e (m./f.)	Penner
commercial, e	Handels-
conduire	führen, fahren *(Auto)*
construire	bauen
coûter cher	teuer sein
curiosité (f.)	Sehenswürdigkeit, Neugierde
distraction (f.)	Zerstreuung, Ablenkung
économique	wirtschaftlich
embouteillage (m.)	Stau

en face de	gegenüber
entourer	umgeben
escalier (m.)	Treppe
est (m.)	Osten
étroit, e	eng
étudiant, e (m./f.)	Student(in)
exposition (f.)	Ausstellung
flâner	schlendern, bummeln, spazieren
guide (m.)	Führer *(Buch oder Person)*
habitant, e (m./f.)	Einwohner(in)
habiter	wohnen
heures (f./pl.) **de pointe**	Stoßzeiten, Hauptverkehrszeit
historique	historisch
illuminer	beleuchten, anstrahlen
immeuble (m.)	großes Wohnhaus, Wohnblock
large	breit
lent, e	langsam
loin de	weit entfernt von
loyer (m.)	Miete
magasin (m.)	Kaufhaus
merveilleux, -euse	wunderbar
métro (m.)	Metro, U-Bahn
monument (m.)	Baudenkmal
moyen de transport (m.)	Verkehrsmittel
musée (m.)	Museum
nord (m.)	Norden
offrir	(an)bieten
ouest (m.)	Westen
parisien, ne	Pariser [adj.], von Paris
Parisien, ne (m./f.)	Pariser(in) [subst.]
parmi	unter, inmitten
périphérique (m.)	Ringautobahn
piéton, ne (m./f.)	Fußgänger(in)
plein, e	voll
profiter de qc	etwas genießen, ausnützen
promenade (f.)	Spaziergang
promeneur, -euse (m./f.)	Spaziergänger(in)
provincial, e	aus der Provinz, provinziell
quai (m.)	Ufermauer, Kai

quartier (m.)	(Stadt-)Viertel
rapide	schnell
relier à	verbinden mit
rive droite (f.)	rechtes (Seine-)Ufer
rive gauche (f.)	linkes (Seine-)Ufer
ruelle (f.)	Gasse
s'allumer	aufleuchten, angehen
s'apercevoir de qc	etw. bemerken, wahrnehmen
se rendre à	sich begeben nach/zu
souterrain, e	unterirdisch
souvenir (m.)	Andenken, Erinnerung
spectacle (m.)	Schauspiel, Vorstellung
splendide	herrlich
station de métro (f.)	U-Bahn-Station
sud (m.)	Süden
suivre qn	jdm. folgen
tour (f.)	Hochhaus, Turm
touriste (m./f.)	Tourist(in)
tout près de	ganz in der Nähe von
transport public (m.)	öffentliche Verkehrsmittel
traverser	durchqueren, überqueren
typique de	typisch für
urbain, e	städtisch
vide	leer
visiter	besichtigen
visiteur, -euse (m./f.)	Besucher(in)
vue (f.)	Aussicht, Blick

Idiomes et locutions

avoir le temps de faire qc	Les gens qui travaillent loin de chez eux n'ont pas le temps de rentrer déjeuner à la maison.	Zeit haben etwas zu tun
avoir les moyens de faire qc	Souvent, les Parisiens n'ont pas les moyens de payer le loyer d'un logement dans le centre.	die Mittel haben etwas zu tun, sich etwas leisten können
perdre du temps à faire qc	Les habitants des grandes villes perdent du temps dans les embouteillages.	Zeit mit etwas verlieren
prendre le temps de faire qc	Si vous allez à Paris, prenez le temps de visiter le Quartier latin.	sich die Zeit nehmen etwas zu tun
au bord de	Au printemps, il est bien agréable de se promener au bord de la Seine.	am Rand / Ufer von
au pied de	Le quartier de Montmartre se trouve au pied du Sacré-Cœur.	am Fuß von
être plein, e à craquer	Aux heures de pointe, le métro parisien est plein à craquer.	zum Bersten voll sein
avoir du mal à faire qc	Quand on a vécu longtemps à Paris, on a du mal à quitter cette ville.	sich mit etwas schwer tun
au nord de	Lille est une grande ville française située au nord de Paris.	nördlich von
dans le nord de	Montmartre se trouve dans le nord de Paris.	im Norden von

2 Exercices

Exercice 1 **Lettres en désordre.** Remettez les lettres de la case dans l'ordre.

a) Le bus et le métro sont des moyens de ____________ ____________.

r u l p i b n s o t r p c a t

b) Les marchands qui vendent des livres le long des quais de la Seine sont les ____________.

s u s b o i t i u q e n

c) Les grands ____________ sont des bâtiments typiques de la banlieue parisienne.

e l u m s i m b e

d) La ____________ la plus célèbre de Paris est la tour Eiffel.

i s r c t o u é i

e) En prenant le métro, vous évitez les ____________ dans les rues de Paris.

m l i e o s e u g a b t e l

f) Depuis des siècles Paris est la ____________ de la France.

i a c t p e a l

g) Les touristes suivent leur ____________ d'un monument à l'autre.

u i g e d

h) La tour Eiffel, haute de 324 m, est le ____________ le plus visité de Paris.

m o u m t n n e

i) Un ____________ est quelqu'un qui marche à pied.

o t n p é i

j) Le métro est un train ____________.

a u o n t i r s r e

k) Une période de cent ans s'appelle un ____________.

s c è l i e

l) Située dans le ____________ latin, la Sorbonne est une grande université française.

r t a i Q u e r

m) Les touristes achètent des ____________ dans les magasins.

v s i u e o n s r

Exercice 2

Synonymes. Remplacez les mots en italique par un mot ou une expression synonyme.

a) Du haut de la tour Eiffel, on a une vue *(merveilleuse)* ______________ sur Paris.

b) *(Quand la circulation est au maximum)* ________ ____________ ____ ____________ il n'y a plus de place dans le métro.

c) Les *(habitants de Paris)* ____________________ passent leurs vacances à la campagne.

d) Les *(gens qui vont à pied)* ________________ doivent marcher sur les trottoirs.

e) Les *(marchands de vieux livres)* ________________________ ont leurs stands au bord de la Seine.

f) Les *(larges rues)* ____________________ qui encerclent Paris portent le nom des maréchaux *(Feldmarschall)* de Napoléon.

g) Il est souvent difficile de *(rouler en voiture)* ______________ dans Paris.

h) Les loyers des appartements du centre-ville *(sont très élevés)* __________ __________.

i) Paris est la *(première ville)* __________________ de la France.

j) Du haut de la tour Eiffel, *(le panorama)* ______ ___________ qui s'offre aux touristes est extraordinaire.

k) La rue Lepic est une rue *(caractéristique du)* ________________ ____ quartier de Montmartre.

l) Dans les *(grandes maisons de plusieurs étages)* ____________________ de banlieue, les gens vivent souvent dans l'anonymat.

Exercice 3

Antonymes. Remplacez les mots en italique par un mot ou une expression antonyme.

a) C'est un *(nouveau)* _______________ bâtiment.

b) Le centre-ville est un quartier très *(calme)* ____________________.

c) La pyramide de verre est *(très loin)* _________ _________ du Louvre.

d) Les Parisiens *(peuvent facilement)* ________ ______ ____________ _____ trouver un logement dans Paris.

e) Le matin, entre 6 et 8 heures, le métro est *(plein à craquer)* ____________.

f) Les rues de Montmartre sont *étroites*, les avenues sont ______________.

g) Pour bien visiter Paris, il ne faut pas *se dépêcher*, il vaut mieux __________ ______ ______________.

h) Ce monument est *(inconnu)* ________________.

i) À Paris, le bus est un moyen de transport un peu *lent*, le métro est plus ______________.

Exercice 4

Le mot en trop. Il y a dans chaque liste un mot qui ne concerne pas les autres. Lequel et pourquoi ?

a)
- le clochard
- le pilote
- le bouquiniste
- le peintre
- le guide

____
____
____

b)
- le bus
- le piéton
- le métro
- le train
- le bateau-mouche

____
____
____

c)
- l'étudiant (m.)
- la Sorbonne
- le Quartier latin
- le bouquiniste
- l'université (f.)

____
____
____

d)
- se promener
- flâner
- marcher
- se rendre
- s'allumer

____
____
____

e)
- l'arrondissement (m.)
- le quartier
- le monument
- la banlieue
- le centre-ville

____
____
____

f)
- le musée
- l'exposition (f.)
- le grand magasin
- le concert
- la soirée à l'Opéra

____
____
____

Exercice 5

Le mot caché. Pour trouver le nom du bâtiment où habite le président de la République française, trouvez le mot correspondant aux définitions suivantes.

1 Il y en a 20 dans Paris, Montmartre se trouve dans le 18e.
2 Il faut le descendre pour prendre le métro et le monter pour visiter la tour Eiffel.
3 Le prix que le locataire paye au propriétaire d'un logement.
4 Il visite la ville, photographie les monuments, achète des souvenirs.
5 Il fait des études, à la Sorbonne par exemple.
6 Il vous accompagne et vous renseigne pendant la visite du musée.

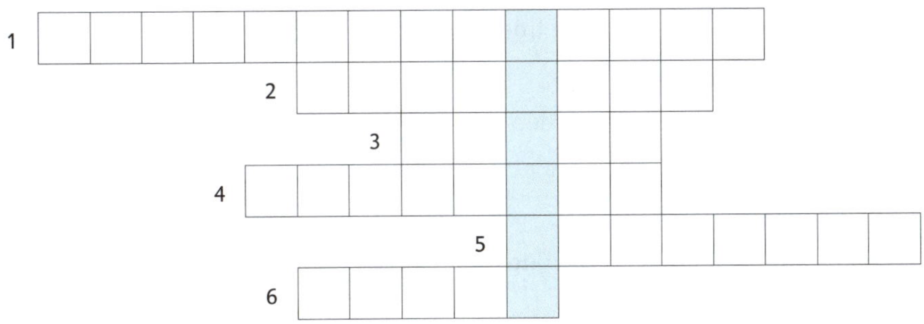

Exercice 6

Scrabble. À l'aide de ces lettres, essayez de former au moins 10 adjectifs qui pourraient décrire des quartiers, des monuments ou des curiosités de Paris. Vous pouvez reprendre toutes les lettres après chaque mot.

Exercice 7 **Phrases lacunaires.** Complétez les phrases à l'aide de la liste de mots suivante :

au nord (de) / dans le nord (de) / au milieu (de) / entre / au sud (de) / dans le sud (de) / en face (de) / parmi / à l'est (de) / dans l'est (de) / au-dessus (de) / à côté (de) / à l'ouest (de) / dans l'ouest (de) / au-dessous (de) / autour (de) / sur / sous

a) Strasbourg est une grande ville située ____________________ la France.

b) ____________ tous les usagers du métro, beaucoup voyagent sans ticket.

c) L'Obélisque se trouve ____________________ la place de la Concorde.

d) Le métro circule ____________________ la ville de Paris.

e) Le boulevard périphérique est une autoroute qui passe ______________ ______ Paris.

f) La Bretagne est une région située ____________________ Paris.

g) À Montmartre, on découvre la place du Tertre ____________________ Sacré-Cœur.

h) Regardez devant vous, il suffit de traverser la rue, le musée est __________ ______________ vous.

i) La Provence est une province ________________ Paris, __________ ________________ la France.

j) La Seine coule ______________ les ponts de Paris.

k) L'île de la Cité est située ______________ deux bras de la Seine.

Exercice 8 **Connaissez-vous bien Paris ?** Mettez une croix dans la case correspondant à la bonne réponse.

Comment s'appelle la grande place d'où partent douze avenues ?	
☐ la place de la Concorde	☐ la place du Tertre
☐ la place Charles de Gaulle	☐ la place de l'Europe

Quel est le nom du plus vieux quartier de Paris ?	
☐ l'île de la Cité	☐ les Halles
☐ le Quartier latin	☐ le Marais

Comment s'appelle le quartier des étudiants?	
☐ le Louvre	☐ la Sorbonne
☐ le Quartier latin	☐ les Enfants-Rouges

Quel monument, construit en 1889, mesure plus de 300 m de haut?	
☐ l'Arc de Triomphe	☐ l'Opéra
☐ les Invalides	☐ la tour Eiffel

Comment s'appelle le monument situé au milieu de la place Charles de Gaulle?	
☐ l'Obélisque	☐ l'Observatoire
☐ l'Arc de Triomphe	☐ le Petit Palais

Quelle est la plus célèbre avenue de Paris?	
☐ l'avenue de la Grande Armée	☐ les Champs-Élysées
☐ le périphérique	☐ la Concorde

Quelle église de Paris a été construite au Moyen Âge?	
☐ la cathédrale Notre-Dame	☐ la cathédrale Saint-Louis-des-Invalides
☐ la basilique du Sacré-Cœur	☐ l'Église de la Madeleine

Quel établissement porte le nom d'un président français?	
☐ l'université Paris-Dauphine	☐ l'hôpital Xavier-Bichat
☐ le Trianon	☐ le centre Pompidou

Comment s'appelle l'église blanche sur la Butte Montmartre?	
☐ Notre-Dame	☐ le Panthéon
☐ les Invalides	☐ le Sacré-Cœur

Lequel de ces moyens de transport public est souterrain ?	
☐ le bus	☐ le train
☐ le métro	☐ l'avion

Quel palais où habitaient les rois de France est un grand musée aujourd'hui ?	
☐ le Louvre	☐ l'Arche de la Défense
☐ le Panthéon	☐ les Tuileries

Lequel de ces fleuves traverse Paris ?	
☐ la Loire	☐ la Seine
☐ le Rhin	☐ le Rhône

L'école et la vie professionnelle

1 Champ sémantique

Vocabulaire

accompagner	begleiten
accueil (m.)	Empfang
accueillir	empfangen
annonce (f.)	Anzeige, Annonce
apprendre	lernen
apprenti, e (m./f.)	Lehrling, Auszubildende(r)
apprentissage (m.)	Lehre
bac(calauréat) (m.)	Abitur, Abi
bête	dumm
bulletin (m.)	Zeugnis
C.V. (curriculum vitae) (m.)	Lebenslauf
cahier (m.)	Heft
camarade (m./f.)	Kamerad(in)
candidat, e (m./f.)	Bewerber(in)
candidature (f.)	Bewerbung
cartable (m.)	Schultasche
choix (m.)	Wahl
collège (m.)	Collège *(etwa Sekundarstufe I)*
collégien, ne (m./f.)	Schüler(in) am Collège
composition (f.)	Klassenarbeit
contrôle (m.)	Klassenarbeit, Test
copier	abschreiben
correspondant, e (m./f.)	Brieffreund(in), Austauschpartner(in)
corriger	verbessern
cour (f.)	Hof
courageux, -euse	eifrig, mutig
cours (m.)	Unterricht(sstunde)
demande d'emploi (f.)	Bewerbung
(dés)obéissant, e	(un)gehorsam
devenir	werden
dictionnaire (m.)	Wörterbuch
directeur, -trice (m./f.)	Schulleiter(in) *(Grundschule)*
discipline (f.)	Disziplin, Schulfach
discipliné, e	diszipliniert
dur, e	hart, schwierig

échange (m.) **scolaire**	Schüleraustausch
école (f.) **primaire**	Grundschule
éducation (f.)	Erziehung
éduquer	erziehen
élève (m./f.)	Schüler(in)
emploi (m.)	Arbeit, Arbeitsplatz, Stelle
emploi (m.) **du temps**	Stundenplan
enseignant, e (m./f.)	Lehrer(in)
enseignement (m.)	Unterricht
enseigner	unterrichten
étudiant, e (m./f.)	Student(in)
étudier	studieren
excellent, e	sehr gut, ausgezeichnet
exercice (m.)	Übung
explication (f.)	Erklärung
expliquer	erklären
famille d'accueil (f.)	Gastfamilie
gentil, le	nett
grammaire (f.)	Grammatik
indulgent, e	nachsichtig
instituteur, -trice (m./f.)	Lehrer(in) *(Grundschule)*
interrogation (f.)	Test
interroger	fragen, abfragen
invitation (f.)	Einladung
inviter	einladen
jumelage (m.)	(Städte-)Partnerschaft
L.E.P. (lycée d'enseignement professionnel) (m.)	Berufsschule
langue étrangère (f.)	Fremdsprache
leçon (f.)	Lektion
lycée (m.)	Lycée *(etwa Sekundarstufe II)*
lycéen, ne (m./f.)	Schüler(in) am Lycée
matière (f.)	Fach
méchant, e	böse
meilleur, e	besser [adj]
métier (m.)	Beruf *(Arbeit)*
moyenne (f.)	Durchschnitt
noter	bewerten, aufschreiben
obéir à qn	jdm. gehorchen, folgen

paresseux, -euse	faul
principal, e (m./f.)	Schulleiter(in) *(Collège)*
problème (m.)	Problem, Rechenaufgabe
professeur (m.)	Lehrer(in) *(Collège, Gymnasium, Universität)*
profession (f.)	Beruf *(ausgeübter Beruf)*
professionnel, le	Berufs-
proviseur (m.)	Schulleiter(in) *(Lycée)*
punir	bestrafen
punition (f.)	Strafe
recevoir	empfangen, bekommen
récréation (f.)	Pause
redoubler (une classe)	wiederholen, sitzen bleiben
rencontre (f.)	Treffen
rentrée (f.)	Schulanfang *(nach den großen Ferien)*
réviser	wiederholen, überprüfen
révision (f.)	Wiederholung
salaire (m.)	Gehalt, Lohn
salle de classe (f.)	Klassenzimmer
scolaire	Schul-
se présenter	sich vorstellen, sich bewerben
se rendre	gehen, sich begeben
sérieux, -euse	ernst, seriös
sévère	streng
sortie des classes (f.)	Schulschluss
stage (m.)	Praktikum
stressé, e	gestresst
suffisant, e	ausreichend
sujet (m.)	Thema
surveiller	beaufsichtigen
traduction (f.)	Übersetzung
traduire	übersetzen
travailleur, -euse	fleißig
université (f.)	Universität
vocabulaire (m.)	Wortschatz

Idiomes et locutions

passer un examen	Avant de pouvoir conduire une voiture, il faut passer le permis de conduire.	eine Prüfung ablegen
réussir un examen	En France, il faut une moyenne de 10 points sur 20 pour réussir la plupart des examens.	eine Prüfung bestehen
être reçu, e à un examen	Il faut être reçu au baccalauréat pour pouvoir étudier à l'université.	eine Prüfung bestehen
rater un examen	Si vous ratez un examen, vous pouvez redoubler votre année scolaire et repasser l'examen l'année suivante.	bei einer Prüfung durchfallen
passer dans la classe supérieure	À la fin de l'année scolaire, les élèves qui ont bien travaillé passent dans la classe supérieure. Les élèves de seconde passent **en** première.	versetzt werden
faire des études de qc	Quand on veut faire des études de langue, il est conseillé de faire un séjour à l'étranger.	etw. studieren
faire un métier, exercer un métier	Aujourd'hui, beaucoup de femmes exercent des métiers autrefois réservés aux hommes.	einen Beruf ausüben

une école libre/ une école privée	Les parents qui ne désirent pas mettre leurs enfants dans une école d'État peuvent les mettre dans une école libre.	Privatschule
faire la connaissance de qn	À la rentrée, les élèves font la connaissance de leurs nouveaux professeurs.	jdn. kennenlernen
faire connaissance avec qc/ qn	Après leurs études, les jeunes font connaissance avec la vie professionnelle.	etw./jdn. kennenlernen
prendre part à qc	L'OFAJ (Office franco-allemand pour la jeunesse) offre aux jeunes Français et Allemands la possibilité de prendre part à des rencontres internationales.	an etw. teilnehmen
rendre visite à qn	Ils ont rendu visite à leurs correspondants allemands.	jdn. besuchen
être en vacances	La plupart des écoliers français sont en vacances d'été du 1er juillet au 15 septembre.	Ferien haben
être bon, ne (mauvais, e) en…	Les lycéens français qui sont bons en langue passent un bac littéraire et ceux qui sont bons en mathématiques passent le bac scientifique.	gut (schlecht) sein in …
sécher le(s) cours	Il est défendu de sécher les cours, même quand on n'a pas du tout envie d'aller en classe.	schwänzen

2 Exercices

Exercice 9

L'expression qui convient. Faites une croix dans la case qui correspond à la fin de la phrase.

a) Il passe dans la classe supérieure parce qu'…
- ☐ il a un mauvais bulletin.
- ☐ il a au moins la moyenne de 10 sur 20 dans ses notes.
- ☐ il a raté son examen.

b) C'est un élève obéissant, …
- ☐ il n'écoute pas le professeur.
- ☐ il est indiscipliné.
- ☐ il fait ce qu'on lui demande.

c) Il veut réussir sa vie professionnelle, alors…
- ☐ il fait un stage dans une entreprise.
- ☐ il choisit son métier sans réfléchir.
- ☐ il ne pense qu'aux vacances.

d) Un jumelage qui marche bien, c'est quand…
- ☐ les gens se rencontrent rarement.
- ☐ les villes se découvrent avec intérêt et s'entendent bien sur beaucoup de choses.
- ☐ le problème de la langue est grand, les gens ne se comprennent pas.

e) Il sèche les cours, …
- ☐ il ne fait pas ses devoirs.
- ☐ il désobéit aux professeurs.
- ☐ il manque les cours, sans raison.

f) Il fait la connaissance de son correspondant, …
- ☐ il fait une excursion avec sa classe.
- ☐ il rencontre pour la première fois un ami étranger à qui il écrit régulièrement.
- ☐ il part en vacances avec sa famille.

Exercice 10

Comment est-ce qu'ils se sentent aujourd'hui ? Trouvez les lettres qui manquent pour décrire les images ci-dessous.

a)

P			E	S		E		

b)

S			E	S		

c)

O	B		I			A		

d)

I	N				G			

e)

S	É					

f)

C			R		G			X

Exercice 11

Synonymes. Remplacez les mots en italique par un mot ou une expression synonyme.

a) Il *(a été reçu au)* ______ ______________ _____ baccalauréat.

b) Ce monsieur *(fait)* ____________________ un métier difficile.

c) C'est *(un métier)* ______ ___________________________ qui me plairait bien.

d) Nous avons trouvé cet examen très *(difficile)* _____________.

e) Vous pouvez *(participer)* ______________ ___________ à un échange scolaire.

f) Je voudrais bien *(aller voir)* ____________ ___________ ____ mon corres cet été.

g) Vers 10 heures, les lycéens français ont *(une pause)* _______________________ _____________________________ de 20 minutes.

h) À l'université, il *(étudie la médecine)* __________ _______ ________________ ______ ______________________.

i) Elle a été punie pendant *(la leçon)* ______ _______________ de français.

xercice 12 **Antonymes.** Complétez les phrases et trouvez le contraire du mot ou de l'expression en italique.

a) Certains professeurs sont *indulgents*, d'autres sont très ________________.

b) Il y a des élèves *qui travaillent beaucoup* et d'autres qui sont ________________ ________________.

c) À l'école, il y a des matières *faciles* et des matières ________________.

d) Cet élève va *passer dans la classe supérieure*, et celui-là va devoir ____________ ________________.

e) Vous pouvez *réussir* ou ________________ l'examen que vous passez.

f) Cette fille est *gentille* mais sa sœur est ________________.

g) Il est *bon* en mathématiques mais il est ________________ en anglais.

h) Elle est *moins bonne* que son amie en histoire mais elle est ________________ ________________ en géographie.

i) En France, la date des vacances n'est pas la même pour tout le monde. Il y a des élèves qui *ont classe* et d'autres qui ________ _____ ________________.

j) Les parents peuvent choisir de mettre leurs enfants dans *un lycée d'État* ou dans une ________________ ________________.

xercice 13 **À chaque verbe son substantif.** Trouvez le substantif qui convient au mot en italique.

a) Pour *accueillir* les jeunes étrangers, on recherche des familles d'____________.

b) Pour *apprendre* un métier, il faut parfois quelques années d'________________ ________________.

c) Vous pouvez *choisir* le bac que vous passerez. Vous avez le ________________.

d) *Éduquer* les jeunes n'est pas toujours facile et l'________________ est si importante.

e) Pour *interroger* les élèves, le professeur leur fait faire une ________________ ________________ écrite.

f) Il veut *inviter* son correspondant, il lui a envoyé une ________________.

g) Il est parfois nécessaire de *punir* mais la ________________ n'est pas trop sévère.

h) Ils ont voulu se *rencontrer*, leur ____________________ a eu lieu cet été.

i) Il a fallu *traduire* le discours du maire, la ____________________ a été faite par un interprète.

j) Il est difficile d'*enseigner* dans des classes surchargées. Les ______________ demandent moins d'élèves par classe.

Exercice 14 **Le mot caché.** Quelle est la « matière » préférée des élèves ?

1 Il n'habite pas le même pays que vous, vous apprenez sa langue, vous lui écrivez souvent.
2 Un élève qui va au lycée.
3 Les renseignements qu'on donne sur sa vie, ses études, ses diplômes, quand on se présente pour demander un emploi.
4 L'examen qu'il faut réussir pour pouvoir étudier à l'université.
5 Le premier jour de classe après les grandes vacances.
6 Deux villes étrangères se rencontrent, organisent des activités en commun.
7 Pendant quelques jours ou quelques semaines on travaille dans une entreprise pour apprendre à connaître le métier qu'on voudrait exercer.
8 Il enseigne dans une école primaire.
9 Il enseigne dans un lycée.
10 Il apprend pendant deux ou trois ans à faire le métier qu'il a choisi.

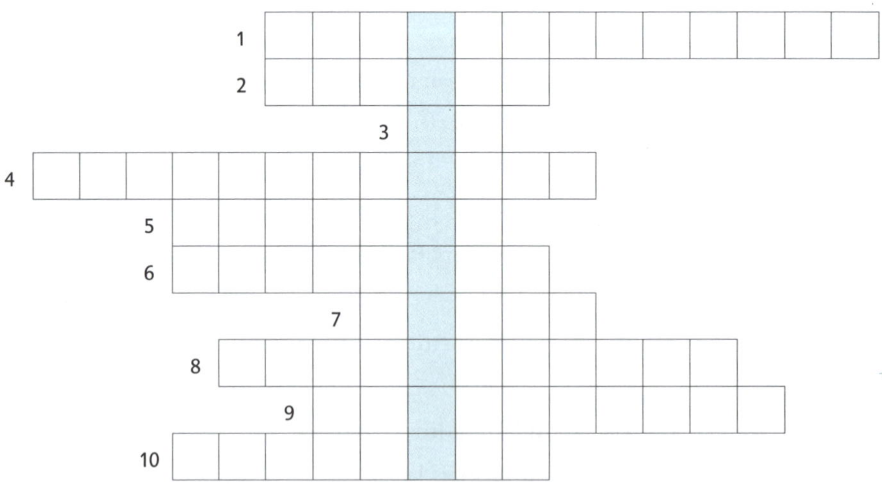

xercice 15 **Phrases lacunaires.** Complétez les phrases à l'aide de la liste de mots suivante :

donner / sécher / redoubler / corriger / enseigner / passer (2x) / interroger / punir / obéir

Ce que font les professeurs

a) Ils ______________________ les fautes des élèves.
b) Ils ______________________ les élèves qui travaillent mal.
c) Ils ______________________ une langue étrangère, par exemple.
d) Ils ______________________ les élèves sur le vocabulaire ou les leçons.
e) Ils ______________________ des devoirs à faire à la maison.

Ce que font les élèves

f) Ils ______________________ la classe si les notes sont mauvaises.
g) Ils ______________________ à leur professeur.
h) Ils ______________________ des examens.
i) Ils ______________________ parfois les cours.
j) Ils ______________________ dans la classe supérieure quand ils ont un bon bulletin.

xercice 16 **Pour rire un peu.** Traduisez les mots entre parenthèses.

Un petit garçon demande à son *(Grundschullehrerin)* ______________________ :

- Pardon, Madame, est-ce qu'on peut être *(bestraft)* ______________________ pour quelque chose qu'on n'a pas fait ?
- Bien sûr que non, si tu n'as rien fait !
- Oh, alors, je suis bien content, je n'ai pas fait mes *(Hausaufgaben)* ______________________ .

Exercice 17 **Grille en escalier.** Remplissez la grille avec les mots qui conviennent.

1 De temps en temps, il faut ____________________ le vocabulaire.

2 Après ses études, il va se ____________________ pour une place de travail dans une entreprise.

3 M. Saitrien sera le nouveau ____________________ de l'école primaire.

4 On n'a pas le droit de rester dans la salle de classe pendant la ____________________.

5 Notre prof est indulgent, il n'est pas ____________________.

6 Quelle est ta ____________________ préférée à l'école ?

7 Après la récréation il faut se ____________________ dans la salle de classe.

8 Pour pouvoir parler une langue étrangère, il faut ____________________ le vocabulaire.

9 Pour pouvoir étudier à l'université, il faut ____________________ reçu au baccalauréat.

10 Si vous voulez, vous pouvez ____________________ part aux échanges scolaires.

11 Le premier jour de classe après les grandes vacances s'appelle la ____________________.

1	R	É								
2		R	É							
3			R	E						
4				R	E					
5					R	E				
6						R	E			
7					R	E				
8				R	E					
9			R	E						
10		R	E							
11	R	E								

Loisirs – sports – vacances

Faire du ski est un des sports d'hiver préférés des Français

1 Champ sémantique

Vocabulaire

activité (f.)	Betätigung, Aktivität
aller boire/prendre un pot	etw. trinken gehen
alpinisme (m.)	Bergsteigen
amusant, e	lustig, unterhaltsam
auberge (f.) **de jeunesse**	Jugendherberge
ballon (m.)	Ball
bicyclette (f.)	Fahrrad
bricolage (m.)	Basteln
bruit (m.)	Lärm
bruyant, e	laut
calme	ruhig
calme (m.)	Ruhe
camping-car (m.)	Wohnmobil
caravane (f.)	Wohnwagen
chaîne de télé (f.)	Fernsehsender
champion, ne (m./f.)	Meister(in) *(Sport)*
colonie de vacances (f.)	Ferienkolonie, Feriendorf
course (f.)	Rennen
cycliste (m./f.)	Radfahrer(in)
dangereux, -euse	gefährlich
danse (f.)	Tanz
danser	tanzen
(dés)agréable	(un)angenehm
discuter	plaudern, diskutieren
distraction (f.)	Zerstreuung, Unterhaltung
divertissement (m.)	Zerstreuung, Unterhaltung
écran (m.)	Bildschirm
endroit (m.)	Ort
ennuyeux, -euse	langweilig
faire un tour	einen Spaziergang/eine Spazierfahrt machen
fatigue (f.)	Müdigkeit
foot (m.)	Fußball
fréquenter	besuchen
gagnant, e (m./f.)	Gewinner(in), Sieger(in)
gagner	gewinnen

gymnase (m.)	Sporthalle
jeu (m.)	Spiel
joueur, -euse (m./f.)	Spieler(in)
journée (f.)	Tagesablauf
lancer	werfen
lecture (f.)	Lesen
loisirs (m./pl.)	Freizeit, Zeitvertreib, Hobby
(mal)sain, e	(un)gesund
match (m.)	Spiel, Partie
nager	schwimmen
natation (f.)	Schwimmen
participer à	teilnehmen an
passer	verbringen
passe-temps (m.)	Freizeit, Zeitvertreib, Hobby
perdant, e (m./f.)	Verlierer(in)
perdre	verlieren
piscine (f.)	Schwimmbad
plage (f.)	Strand
plaisir (m.)	Freude, Vergnügen
planche (f.)	Brett
planche à voile (f.)	Windsurfen
plongée sous-marine (f.)	Tauchen
prendre l'avion (pour)	fliegen (nach)
profiter de qc	etw. genießen
promenade (f.)	Spaziergang
randonnée (f.)	Wanderung
repos (m.)	Ruhe, Erholung
reposant, e	erholsam
réserver	buchen
résultat (m.)	Ergebnis
rire	lachen
roller (m.)	Inline-Skate
s'amuser	sich amüsieren
s'ennuyer	sich langweilen
s'entraîner	trainieren
sable (m.)	Sand
se baigner	baden
se détendre	sich entspannen
se distraire	sich zerstreuen

se divertir	sich vergnügen, sich zerstreuen
se reposer	sich ausruhen
séjourner	sich aufhalten, leben, wohnen
spectacle (m.)	Schauspiel, Aufführung
spectateur, -trice (m./f.)	Zuschauer(in)
sportif, -ve	Sport-, sportlich
sports (m./pl.) **d'hiver**	Wintersport
stade (m.)	Stadion, Sportplatz
surf (m.)	Surfen, Wellenreiten
surfer	surfen
téléviseur (m.)	Fernsehgerät
temps libre (m.)	Freizeit
tente (f.)	Zelt
terrain de camping (m.)	Campingplatz
tournoi (m.)	Turnier
tricher	schummeln, betrügen
vainqueur (m.)	Sieger(in)
vélo (m.)	Fahrrad
voile (f.)	Segel
voyager	reisen

Idiomes et locutions

à la campagne	Pour se reposer au calme, beaucoup de gens passent leurs vacances à la campagne.	auf dem Land
à la montagne	Il va à la montagne pour y pratiquer des sports d'hiver.	im Gebirge
au bord de la mer	Si vous passez vos vacances au bord de la mer, vous pouvez faire de la planche à voile.	am Meer
avoir le temps de faire qc	Beaucoup de lycéens français se plaignent de ne pas avoir le temps de faire du sport.	Zeit haben etw. zu tun
être en bonne santé	Certains sports sont dangereux pour les personnes qui ne sont pas en bonne santé.	gesund sein
en plein air	Le football, l'alpinisme, la planche à voile, le cyclisme sont des sports qui se pratiquent en plein air.	im Freien
monter la tente	Il n'arrive pas à monter la tente.	das Zelt aufstellen
faire du ski, du vélo, du patin à glace	Beaucoup de Français vont dans les Alpes ou les Pyrénées pour faire du ski.	Ski, Rad, Schlittschuh fahren
faire du cheval	Si vous voulez faire du cheval, il vous faut un équipement *(Ausstattung)* spécial.	reiten

jouer à qc	Il y a des filles qui aiment jouer au foot.	etw. spielen *(Spiel, Sport)*
jouer de qc	Mon fils joue très bien du piano.	etw. spielen *(Instrument)*
passer son temps à	Pendant ses loisirs, elle passe son temps à lire des romans policiers.	seine Zeit verbringen mit
pratiquer un sport	Le football est un sport qui se pratique en équipe.	einen Sport ausüben
faire du sport	Il est recommandé de faire du sport pour rester en forme.	Sport treiben
faire match nul	Les deux équipes ont fait match nul, zéro à zéro, elles vont rejouer la semaine prochaine.	unentschieden spielen
sortir en boite/ aller à la disco	Dans les petits villages de campagne, les jeunes s'ennuient parce qu'il n'y a pas de discothèque et ils ne peuvent pas sortir en boite.	in eine Disco gehen
faire de l'auto-stop	Pour faire de l'auto-stop, on fait un signe aux automobilistes qui s'arrêtent parfois et vous laissent monter dans leur voiture.	per Anhalter fahren
faire les boutiques	Pendant leur temps-libre, les jeunes femmes aiment faire les boutiques pour trouver des vêtements à la mode.	einen Einkaufsbummel machen

2 Exercices

xercice 18

Définitions. Trouvez le mot ou l'expression qui correspond à chaque définition.

a)	Quelque chose qui est réservé aux jeunes et qui coûte moins cher que l'hôtel.	
b)	Un sport qui se pratique dans une piscine.	
c)	Une période agréable pendant laquelle les élèves n'ont pas classe.	
d)	Quelque chose qu'on prend pour dormir dessous quand on fait du camping.	
e)	Quelque chose qui permet de se déplacer sur l'eau quand il y a du vent.	
f)	Quelque chose qu'il faut faire pour améliorer ses performances dans un sport.	
g)	Une série de matchs qui se termine par une finale.	
h)	L'ensemble des sports qui se pratiquent dans la neige.	
i)	Un endroit au bord de la mer fait de sable ou de galets *(Kies)*.	

xercice 19

L'expression qui manque. Trouvez le mot ou l'expression qui manque.

a) Grenoble : à la montagne
Nice : ______________________

b) la grande ville : bruyante
la campagne : __________

c) le travail : fatigant
les vacances : __________

d) les adultes : hôtel
les jeunes : __________

e) à la montagne : faire du ski
à la mer : __________

f) nager : la natation
se distraire : __________

g) 1 km à pied : une promenade
20 km à pied : __________

Exercice 20 **Le mot en trop.** Il y a dans chaque liste un mot qui ne concerne pas les autres. Lequel et pourquoi ?

a)
la tente
la caravane
la bicyclette
le camping-car

____
____
____

b)
la natation
la course à pied
le ski
la lecture

____
____
____

c)
le football
le tennis
la natation
le handball

____
____
____

d)
le nageur
l'alpiniste (m.)
le footballeur
le téléspectateur

____
____
____

e)
la lecture
les devoirs (m./pl.)
le bricolage
le sport

____
____
____

f)
se distraire
se divertir
s'amuser
s'ennuyer

____
____
____

Exercice 21 **Quelle est la préposition qu'il faut ?** Choisissez dans la liste la préposition qui convient. Attention : Certaines prépositions sont employées plusieurs fois et d'autres pas du tout.

à / à l' / à la / au / en / sous / dans / de / du / de la

a) partir ______________ vacances
b) aimer jouer ___________ plein air
c) aller ______________ montagne
d) partir ______________ voiture
e) faire ______________ ski
f) jouer ______________ tennis
g) faire ______________ planche à voile
h) jouer ______________ la guitare
i) jouer ______________ équipe
j) sortir ______________ boite
k) dormir ______________ la tente
l) faire ______________ vélo
m) acheter des patins ________ glace
n) faire ______________ sport

Exercice 22 **Où est-ce que Michel passe ses vacances ?** Qu'est-ce que vous voyez sur les photos ci-dessous ?

a)

[ ][ ][ ][ ][ ][ ]

b)

[ ][ ][ ][ ][ ][ ][ ][ ]

c)

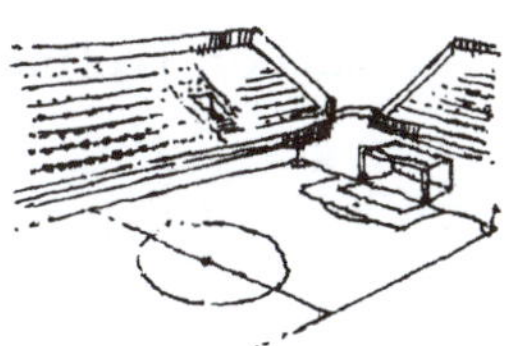

[ ][ ][ ][ ][ ]

d)

[ ][ ][ ][ ][ ][ ][ ] – [ ][ ][ ]

e)

[ ][ ][ ][ ][ ]

f)

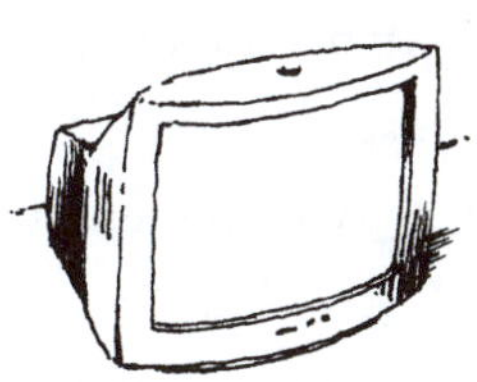

[ ][ ][ ][ ][ ][ ][ ][ ][ ][ ]

Michel passe ses vacances en [ ][ ][ ][T][ ][ ][N][ ]
a b c d e f

Exercice 23 **Antonymes.** Complétez les phrases et trouvez le contraire du mot ou de l'expression en italique.

a) Il faut savoir partager son temps entre *le travail* et les ______________ .

b) Certains sports se font *à l'intérieur*, par exemple dans un gymnase, d'autres se pratiquent ______ __________ _______ .

c) Certains films vous font *pleurer* et d'autres vous font ______________ .

d) Faire du sport est *sain*, fumer est plutôt ______________ .

e) Ils vont se fatiguer au travail et leurs amis vont ______ ______________ à la plage.

f) Cette randonnée est *sans danger*, par contre l'alpinisme est un sport ______________ .

g) Après le match, tous les joueurs, les *gagnants* et les ______________ , ont pris un pot ensemble.

h) Certains vacanciers recherchent *le calme* parce qu'ils n'aiment pas ________ ______________ .

i) J'ai trouvé ce livre *intéressant*, par contre celui-là est ______________ .

j) La natation, la planche à voile sont des *sports d'été*, le ski et le snow-board sont des ___________ ___________ .

Exercice 24 **Lettres en désordre.** Remettez les lettres de la case dans l'ordre.

a) Si tu continues à ______________ , je ne joue plus avec toi.

e r t h
c i r

b) Tu n'as rien à ______________ mais tout à gagner.

e r P d
r e

c) Il passe son temps devant la télé, il n'est pas très ______________ .

f s p t
i r o

d) Pour moi quand je suis fatiguée, la distraction la plus ______________ , c'est écouter de la musique.

o p r s t
e n e a

e) La France a été ______________ de football.

a n e o h
c p m n i

f) On peut ____________________ sur une planche ou sur Internet.

f u r r s e

g) Ils n'ont pas pu jouer le match, ils avaient oublié le ________________ .

l n b a o l

h) Se promener avec les parents est une activité ____________________ pour beaucoup d'enfants.

e s n e u n e y u

i) J'ai retrouvé mes copains dans un café pour ____________ ______ ____________ .

d p r o t e e n u r n p

xercice 25 **De quoi rêvent-ils ?** Écrivez sous chaque dessin l'activité qu'ils veulent faire.

a)

Jean aimerait ____________________ ____________________ .

b)

Corinne a envie de ____________________ ____________________ .

c)

Philippe voudrait ____________________ ____________________ .

d)

Myriam veut ____________________ ____________________ .

e)

Adrien aime ____________________ ____________________ .

f)

Anne choisit de ____________________ ____________________ .

Exercice 26 **Le mot caché.** Trouvez un endroit où beaucoup de jeunes aiment se retrouver.

1 Ce que les joueurs n'aiment pas faire quand ils jouent un match important.
2 On y fait des compétitions de natation.
3 Beaucoup de gens passent leur temps libre devant celui de la télévision.
4 C'est le sportif le meilleur de tous.
5 On l'appelle aussi un vélo.
6 On peut le gagner ou le perdre, il y en a plusieurs dans un tournoi.
7 Un synonyme pour « le gagnant ».
8 Un passe-temps agréable dans un fauteuil avec un bon livre.

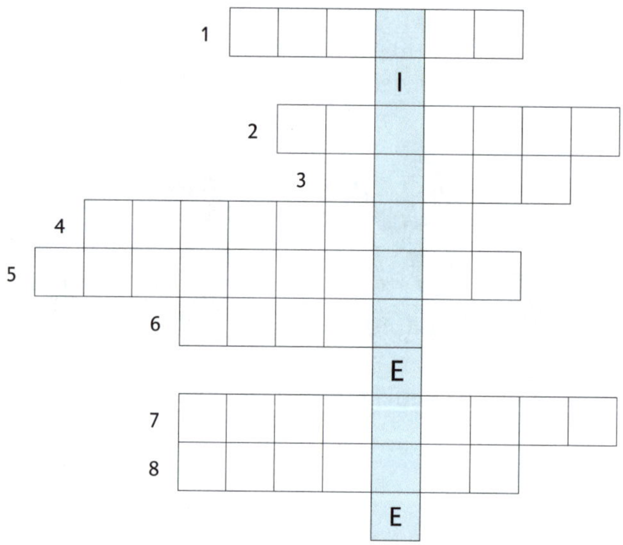

La vie quotidienne

Spécialités régionales à l'étalage d'une épicerie de Savoie

1 Champ sémantique

Vocabulaire

achat (m.)	Einkauf
addition (f.)	Rechnung
appétissant, e	appetitlich
argent (m.)	Geld
ausculter	untersuchen
automne (m.)	Herbst
avion (m.)	Flugzeug
banque (f.)	Bank
billet (m.)	Fahrkarte, Geldschein
boisson (f.)	Getränk
bon marché (invariable)	billig
caisse (f.)	Kasse
chaleur (f.)	Hitze
changer	wechseln
chauffeur (m.)	Fahrer
cher, chère	teuer
ciel (m.)	Himmel
circulation (f.)	Verkehr
client, e (m./f.)	Kunde, Kundin
clientèle (f.)	Kundschaft
comprimé (m.)	Tablette
courses (f./pl.)	Einkäufe
couteau (m.)	Messer
couter	kosten
couteux, -euse	teuer
couvert (m.)	Besteck
cuillère (f.)	Löffel
cuire	(auf)kochen, braten
cuisiner	kochen *(zubereiten)*
déjeuner (m.)	Mittagessen
délicieux, -euse	köstlich
dépense (f.)	Ausgabe
dépenser	*(Geld)* ausgeben
dépensier, -ière	verschwenderisch
dessert (m.)	Nachtisch

dîner (m.)	Abendessen
économe	sparsam
économiser	sparen
embouteillage (m.)	Verkehrsstau
entrée (f.)	Vorspeise
étalage (m.)	Auslage
été (m.)	Sommer
faim (f.)	Hunger
fermeture (f.)	Schließung
fièvre (f.)	Fieber
fourchette (f.)	Gabel
froid (m.)	Kälte
fromage (m.)	Käse
gagner	verdienen
garçon (m.)	Kellner
gare (f.)	Bahnhof
gâteau (m.)	Kuchen
gel (m.)	Frost
glace (f.)	Eis
grande surface (f.)	Einkaufszentrum
grave	schlimm
guéri, e	geheilt
guérir	heilen
guichet (m.)	Schalter
hiver (m.)	Winter
hôpital (m.)	Krankenhaus
hors-d'œuvre (m.)	Vorspeise
légumes (m./pl.)	Gemüse
magasin (m.)	Geschäft, Kaufhaus
maladie (f.)	Krankheit
marché (m.)	Markt
médecin (m.)	Arzt
médicament (m.)	Arznei, Medikament
ménage (m.)	Haushalt
monnaie (f.)	Kleingeld
moyens (m./pl.)	Mittel *(pl.)*
neiger	schneien
nourriture (f.)	Nahrung, Essen
nuage (m.)	Wolke

occasion (f.)	(Sonder-)Angebot, Gelegenheit
offrir	anbieten
orage (m.)	Gewitter
ordonnance (f.)	Rezept *(Medikamente)*
ouvert, e	geöffnet
pauvre	arm
petit déjeuner (m.)	Frühstück
pharmacie (f.)	Apotheke, Hausapotheke
plat (m.)	Gericht, Speise
pleuvoir	regnen
pluie (f.)	Regen
poisson (m.)	Fisch
prendre froid	sich erkälten
printemps (m.)	Frühling
prix (m.)	Preis
publicité (f.)	Werbung
quotidien, ne	täglich
recette (f.)	Kochrezept
repas (m.)	Essen
riche	reich
saison (f.)	Jahreszeit
salé, e	salzig
santé (f.)	Gesundheit
soif (f.)	Durst
soldes (f/pl)	Schlussverkauf
station (f.)	Haltestelle
sucré, e	süß
supermarché (m.)	Supermarkt
tempête (f.)	Sturm
temps (m.)	Wetter, Zeit
transport (m.)	Verkehr *(Beförderung)*
vendeur, -euse (m./f.)	Verkäufer(in)
vendre	verkaufen
vent (m.)	Wind
verre (m.)	Glas
viande (f.)	Fleisch
voyage (m.)	Reise

Idiomes et locutions

faire des économies	Quand on ne dépense pas tout son argent, on fait des économies.	Geld sparen
prendre le bus	Beaucoup de gens prennent le bus pour aller travailler.	mit dem Bus fahren
voyager en… (train, bus, avion, voiture)	Il a peur de voyager en avion.	mit dem Zug/Bus/Flugzeug/Auto reisen
voyager à… (bicyclette, moto, cheval, pied)	Il préfère voyager à moto.	mit dem Fahrrad/Motorrad fahren, reiten, zu Fuß gehen
avoir les moyens de faire qc	Il n'a pas les moyens de partir en vacances cette année.	sich etwas leisten können
recevoir de l'argent de poche	Mes enfants reçoivent de l'argent de poche une fois par mois.	Taschengeld bekommen
avoir besoin de qc	Les voyageurs ont besoin d'un billet pour pouvoir prendre le train.	etw. brauchen
il fait beau/mauvais (temps)	S'il fait beau, nous ferons une promenade.	es ist schönes/schlechtes Wetter
il fait chaud/froid/du vent/du soleil	En été il fait chaud, en hiver il fait plutôt froid et il fait souvent du vent.	es ist warm/kalt/windig/die Sonne scheint
avoir mal à	J'ai mal au ventre et j'ai aussi mal au cœur *(mir ist auch schlecht)*.	Schmerzen haben
payer par chèque	Si vous n'avez pas d'argent liquide *(Bargeld)* vous pouvez payer par chèque.	mit einem Scheck bezahlen
changer de l'argent	Pour changer de l'argent on va dans une banque.	Geld wechseln

les heures d'ouverture	Les heures d'ouverture des grands magasins sont souvent de 9h à 20h, du lundi au samedi.	Öffnungszeiten
rendre malade	Attention, trop de soleil peut vous rendre malade.	krank machen
rendre la monnaie	À la caisse, la caissière vous rend la monnaie.	Wechselgeld herausgeben
avoir l'air	Je trouve qu'elle a l'air en pleine forme !	aussehen
faire la queue	Dans les grandes surfaces, il faut souvent faire la queue à la caisse.	Schlange stehen
mettre la table	Les enfants vont chercher les assiettes, les verres et les couverts pour mettre la table.	den Tisch decken
les transports en commun	Dans les grandes villes, il vaut mieux laisser sa voiture au garage et utiliser les transports en commun, comme le bus, le tram ou le métro.	öffentliche Verkehrsmittel

2 Exercices

xercice 27

Antonymes. Complétez les phrases et trouvez le contraire du mot ou de l'expression en italique.

a) Avant de pouvoir *acheter* une nouvelle voiture, il doit ________________ la vieille.

b) Les uns préfèrent *économiser* leur argent, d'autres aiment mieux le ________________.

c) L'*ouverture* de ce magasin est à 9 heures, la ________________ à 20 heures.

d) Vous pouvez faire vos courses dans *un petit magasin* ou dans ________________ ________________ ________________.

e) Si vous *tombez malade*, ce bon médecin peut vous ________________.

f) Aujourd'hui la boutique est *fermée*, demain elle sera ________________.

g) Ce vêtement est très *cher*, par contre celui-là est ________ ________________.

xercice 28

Synonymes. Complétez les phrases et trouvez le synonyme du mot ou de l'expression en italique.

a) Pour faire mes *achats*, je vais dans les petits magasins, mon amie fait ses ________________ dans les supermarchés.

b) Y a-t-il un *docteur* dans ce village ? Oui, nous avons un bon ________________.

c) Aujourd'hui, il *tombe de la pluie* et demain, il va encore ________________.

d) Il *a* encore *envie de manger*, il ______ toujours ________________.

e) Mon fils aussi *a* souvent *envie de boire*, il ______ souvent ________________.

f) Beaucoup d'*acheteurs* sont venus dans le magasin, il y a beaucoup de ________________.

g) Voyager en train est *cher* mais l'avion est encore plus ________________.

h) Voulez-vous du pâté comme *entrée*, ou préférez-vous un autre ________________ ?

Exercice 29 **Phrases lacunaires.** Complétez les phrases avec le mot, le verbe ou l'expression qui convient.

a) Prenez un parapluie, il va bientôt __________ .

b) Tu peux acheter votre __________ de train sur Internet ou au __________ de la gare.

c) Le docteur va voir les malades pour les __________ .

d) Les enfants aident leur mère à __________ la table.

e) Je n'ai plus de pièces de 10 centimes, je ne peux pas vous __________ la monnaie.

f) Son travail est mal payé, elle voudrait bien __________ un peu plus d'argent.

g) Vous allez pouvoir faire du ski, je suis sûre qu'il va __________ .

h) C'est une maladie grave que les médicaments ne peuvent pas __________ .

i) Il y a beaucoup de monde dans le magasin, il va falloir __________ ______ __________ à la caisse.

j) L'artichaut, l'aubergine, les haricots sont des __________ qui poussent en été.

k) Le __________ est tout bleu, il n'y a pas un nuage.

l) Avant de partir à l'étranger, il va à la banque pour __________ ______ __________ .

Exercice 30 **Lettres en désordre.** Remettez les lettres de la case dans l'ordre.

a) Ne mange pas avec les mains, prends une __________ .

t e f e h c o u r t

b) Si vous voulez bien vendre vos produits, faites de la __________ .

é i b p t c u l i

c) Le cuisinier doit être amoureux, la soupe est trop __________ .

s l a é e

d) Un chewing-gum qui coute 3 euros, ce n'est pas ______ __________ .

n r h é a o b c m

e) Le fromage ne se mange pas avec une ____________________.

l e c i u r l è

f) L'amour peut rendre ____________________.

d a m l e a

g) Si vous avez peur des accidents de voiture, allez à ______________.

p i d e

h) Laissez-moi descendre ! Le ____________________ de ce taxi a trop bu.

e h a r c f u f u

i) Les poissons ne prennent jamais ______________.

o d i f r

j) N'attendez pas un avion à une ____________________ de métro.

i n a t o t s

Exercice 31 **Au restaurant.** Traduisez les mots entre parenthèses.

Un monsieur, dans un restaurant, vient de finir son (Essen) ____________________ .

Il appelle le (Kellner) ____________________ et lui demande (die Rechnung) ____________________ .

Quelques minutes après, le (Kellner) ____________________ la lui présente.

Corrigez cela dit le (Kunde) ____________________ et écrivez une omelette avec deux « t ». Quelques minutes plus tard, on lui présente la correction.

Exercice 32

Le mot en trop. Il y a dans chaque liste un mot qui ne concerne pas les autres. Lequel et pourquoi ?

a)
- l'été (m.)
- le nuage
- le printemps
- l'hiver (m.)

b)
- l'embouteillage (m.)
- la cuillère
- l'assiette (f.)
- le verre

c)
- le billet
- le chèque
- la monnaie
- l'achat (m.)

d)
- le supermarché
- la banque
- la pharmacie
- la charcuterie

e)
- le hors-d'œuvre
- le dessert
- le couteau
- le fromage

f)
- la pharmacie
- l'ordonnance (f.)
- le médicament
- la recette

Exercice 33

Roues tournantes. Trouvez les mots de 6 lettres correspondants aux définitions ou qui finissent les phrases. Les roues tournent dans le sens indiqué.

1 Quelque chose dont vous avez besoin pour acheter quelque chose.
2 En été il peut pleuvoir, en hiver il peut…
3 Le contraire du verbe « perdre ».
4 Le soleil se cache parfois derrière les…
5 Il est pauvre, il n'a pas les… d'acheter une voiture.
6 Il aimerait faire un… en avion.
7 Après une journée très chaude, il y a parfois des…

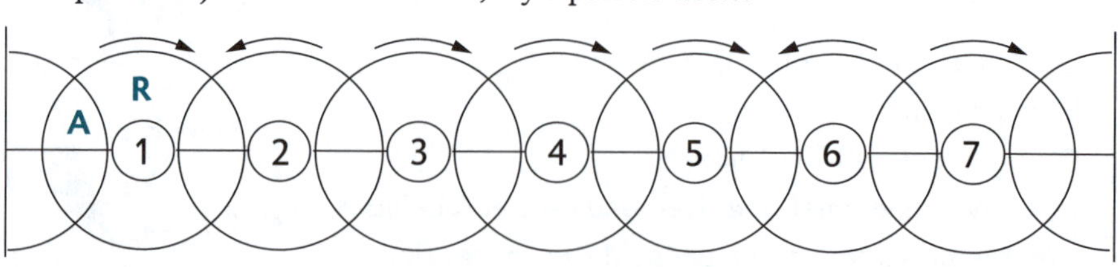

xercice 34 **Le menu en désordre.** Qu'est-ce qui ne va pas sur ce menu ? Remettez les plats à leur place.

Restaurant la Bourride

Nos entrées :	mousse au chocolat	___
	steak frites	___
	jus de fruit	___
	glace à la vanille	___
Nos plats principaux :	tarte aux pommes	___
	gâteau aux fraises	___
	salade de tomates	___
	café	___
Nos desserts :	côtelette de veau	___
	légumes de saison	___
	terrine du chef	___
	eau minérale	___
Nos boissons :	rôti de bœuf	___
	vin rouge	___
	hors-d'œuvres variés	___
	soupe de poisson	___

Exercice 35 **Chez le médecin.** Traduisez les mots entre parenthèses.

Monsieur Grosjean rentre chez lui après une visite chez le ______________ *(Arzt)*.

– Qu'est-ce qu'il t'a dit ? lui demande sa femme.

– Et bien, il m'a ______________ *(untersucht)*, ensuite il m'a fait une ______________ *(Rezept)*. Je dois prendre un ______________ *(Tablette)* après chaque ______________ *(Essen)* pendant toute ma vie.

– Oh, dit sa femme, ce n'est pas ______________ *(schlimm)*, beaucoup de gens doivent prendre chaque jour des ______________ *(Arzneien)*.

– Oui, mais il m'a donné seulement trois ______________ *(Tabletten)*.

Les jeunes et la culture

Des jeunes visitent un musée

1 Champ sémantique

Vocabulaire

acteur, -trice (m./f.)	Schauspieler(in)
actualités (f./pl.)	Nachrichtensendung
admirateur, -trice (m./f.)	Fan, Bewunderer
admirer	bewundern
adorer	sehr mögen
applaudir	applaudieren, jubeln
art (m.)	Kunst
artiste (m./f.)	Künstler(in)
artistique	kunstvoll, Kunst-
assister à	beiwohnen, sein bei
atelier (m.)	Atelier, Werkstatt
auditeur, -trice (m./f.)	Zuhörer(in)
bal (m.)	Tanzabend, Ball
BD (bande dessinée) (f.)	Comic
beauté (f.)	Schönheit
CD (m.)	CD
célèbre	berühmt, bekannt
chaîne de télé (f.)	Fernsehkanal
chaîne hi-fi (f.)	Stereoanlage
chanson (f.)	Lied
chanter	singen
chanteur, -euse (m./f.)	Sänger(in)
cinéma (m.)	Kino
composer	komponieren
compositeur (m.)	Komponist
concert (m.)	Konzert
connu, e	bekannt, berühmt
couleur (f.)	Farbe
couturier (m.)	Modeschöpfer
couturière (f.)	Näherin
créatrice de mode (f.)	Modeschöpferin
cultivé, e	gebildet
culture (f.)	Kultur
culturel, le	kulturell
danser	tanzen

démodé, e	altmodisch
dessin (m.)	Bild, Zeichnung
dessin animé (m.)	Zeichentrickfilm
dessiner	zeichnen, malen
détester	hassen, verabscheuen
discothèque (f.)	Diskothek
écouteur (m.)	Kopfhörer
écran (m.)	Leinwand *(Kino)*, Bildschirm *(Fernseher, Computer)*
élégant, e	elegant
émission (f.)	Sendung
exposition (f.)	Ausstellung
film (m.)	Film
fréquenter qn	jdn. besuchen, mit jdm. Umgang haben
galerie (f.)	Gemäldeausstellung
groupe (m.)	Band
guide (m.)	Führer *(Buch oder Person)*
haute couture (f.)	die führenden Modehäuser
haut-parleur (m.)	Lautsprecher
horreur (f.)	Horror
information (f.)	Nachricht, Auskunft
intellectuel, le	intellektuell
journal (m.)	Zeitung
lecteur MP3 (m.)	MP3-Player
mannequin (m.)	Model
maquillage (m.)	Schminke
médias (m./pl.)	Medien
médiatique	medienwirksam
metteur en scène (m.)	Regisseur
micro (m.)	Mikrofon
moderne	modern
musicien, ne (m./f.)	Musiker(in)
opéra (m.)	Oper
orchestre (m.)	Orchester, Band
peindre	malen
peintre (m.)	Maler
peinture (f.)	Malerei
pièce (f.)	Theaterstück
plaire	gefallen

policier (m.)	Krimi
populaire	beliebt
porter	tragen
préféré, e	Lieblings-, bevorzugt
préférer	vorziehen
présenter	vorführen, aufführen, vorstellen
public (m.)	Publikum
publicitaire	Werbe-
publier	veröffentlichen
reportage (m.)	Fernsehbericht
représentation (f.)	Vorführung, Darstellung
représenter	aufführen, darstellen
revue (f.)	Zeitschrift
s'intéresser à	sich interessieren für
scène (f.)	Bühne, Szene
sculpteur (m.)	Bildhauer
sculpture (f.)	Bildhauerei, Skulptur
se maquiller	sich schminken
sono (f.)	Lautsprecheranlage
sortie (f.)	Ausgehen, Ausflug
sortir	ausgehen
spectacle (m.)	Vorführung, Veranstaltung
spectateur, -trice (m./f.)	Zuschauer(in)
style (m.)	Stil
tableau (m.)	Gemälde, Bild
téléspectateur, -trice (m./f.)	Fernsehzuschauer(in)
théâtre (m.)	Theater
tourner	drehen
varié, e	vielfältig
vedette (f.)	Star

Idiomes et locutions

enregistrer un CD	Le chanteur vient d'enregistrer un CD dans un studio très connu.	eine CD aufnehmen
passer un film	Ce soir, on passe un policier sur la troisième chaîne.	einen Film bringen
avoir le trac	Avant d'entrer en scène, les acteurs ont le trac.	Lampenfieber haben
donner une pièce de théâtre	Au théâtre de Paris, on donne une pièce de Molière.	ein Theaterstück aufführen
être à la mode	Les jeunes d'aujourd'hui veulent être à la mode.	modern sein, modisch gekleidet sein
en direct	Il présente l'émission en direct.	live
sortir en boîte	Si vous voulez sortir en boîte ce soir, allez à la nouvelle discothèque.	in die Disko gehen
être au courant de qc	Je ne suis pas au courant de ce qui s'est passé hier.	auf dem Laufenden sein

2 Exercices

Exercice 36 **Quel verbe va avec quel substantif ?** Trouvez le mot ou l'expression qui va avec chacun des verbes suivants.

tourner	______________________
scuplter	______________________
publier	______________________
peindre	______________________
se maquiller	______________________
danser	______________________
applaudir	______________________
enregistrer	______________________
chanter	______________________
sortir	______________________
assister	______________________
composer	______________________
visiter	______________________
porter	______________________

en boîte
une chanson
un disque
un film
un livre
un musée
un opéra
une sculpture
à un spectacle
une vedette
un tableau
un tango
un vêtement
le visage

Exercice 37 **Phrases lacunaires.** Trouvez le mot qui manque pour compléter les phrases.

a) Ce ______________________ a créé des vêtements très élégants.

b) Chers ______________________, merci d'écouter notre émission.

c) La ______________________ donne envie aux jeunes d'acheter beaucoup de choses.

d) Il a eu très peur, il est allé voir un film d' ______________________.

e) Pour m'informer à la télé je regarde les ______________________.

f) Au musée du Louvre, on peut voir des ______________________ de peintres célèbres.

g) Nous sommes allés au théâtre voir une ________________ de Molière.

h) Avant d'entrer en scène le chanteur a peur, il a le ______________.

i) Les nouveaux modèles du couturier sont présentés par des

________________________.

j) Cette chanteuse est une grande __________________ très aimée du public.

k) Pour pouvoir écouter sa musique pendant la promenade, il prend un

________________________.

l) Astérix et Obélix sont les héros *(Helden)* d'une ________________________ très connue.

xercice 38

Le mot caché. Pour trouver quelque chose qui dérange beaucoup de téléspectateurs pendant les films, trouvez le mot correspondant aux définitions suivantes.

1 Un film avec des gangsters et un commissaire de police.
2 Quelque chose qu'on met sur les oreilles pour écouter de la musique sans déranger ses voisins.
3 Quelque chose qui sert à enregistrer un film ou une chanson.
4 Un endroit où le peintre expose ses peintures.
5 Quelque chose qui plaît beaucoup aux enfants quand il est animé.
6 Celui de la télévision est plus petit que celui du cinéma.
7 Il peut être policier, d'aventure, d'amour ou d'épouvante.
8 Quelqu'un qui applaudit (ou non) après le spectacle.
9 Quelque chose qui est très utile à la vie culturelle. La télé, le journal, la radio et Internet sont ceux d'aujourd'hui.

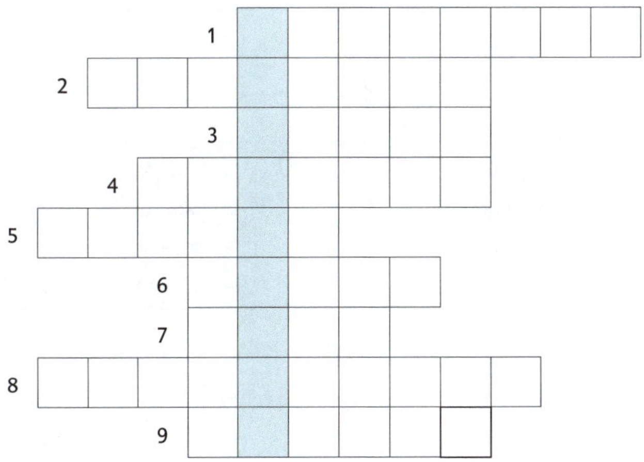

Exercice 39 **Antonymes.** Complétez les phrases et trouvez le contraire du mot ou de l'expression en italique.

a) J'*adore* la musique moderne mais je ______________ la musique classique.

b) Cette jeune fille est *mal habillée*, mais son amie est très ______________.

c) Cette robe est *à la mode*, ce pantalon est ______________.

d) Deux artistes seront présentés, l'un est *inconnu*, l'autre est déjà ______________.

e) Ils *n*'ont *pas aimé* le livre mais le film va peut-être leur ______________.

f) Le soir, il y a des gens qui aiment *rester chez eux* et d'autres qui veulent ______________.

g) Mon père *ne sait jamais rien*, mais ma mère est toujours ______________ de tout.

h) Le jaune est la couleur que j'*aime le moins*, le rouge est ma couleur ______________.

Exercice 40 **Le mot en trop.** Il y a dans chaque liste un mot qui ne concerne pas les autres. Lequel et pourquoi ?

a)
le public
le téléspectateur
le chanteur
l'auditeur (m.)

____
____
____

b)
la scène
le film policier
le dessin animé
la pièce de théâtre

____
____
____

c)
le couturier
le vêtement
la mode
la beauté

____
____
____

d)
le concert
la sculpture
l'orchestre (m.)
le musicien

____
____
____

e)
applaudir
admirer
visiter
adorer

____
____
____

f)
l'acteur (m.)
le chanteur
le danseur
le lecteur MP3

____
____
____

g)		h)		i)	
	célèbre populaire culturel connu		la revue le spectacle le journal le roman policier		le théâtre le cinéma la télévision la discothèque

___________________ ___________________ ___________________

___________________ ___________________ ___________________

___________________ ___________________ ___________________

xercice 41

Définitions. Trouvez le mot ou l'expression qui correspond à chaque définition.

a)	Quelque chose qu'on montre dans une galerie pour présenter le travail d'un artiste.	
b)	Un film fait avec une bande dessinée.	
c)	Rouge, jaune,... c'est important pour les vêtements si on veut être à la mode.	
d)	Quelque chose qui est présenté à la radio ou à la télé.	
e)	Quelqu'un qui dirige les acteurs pendant le tournage d'un film.	
f)	Un orchestre formé de quelques jeunes qui jouent une musique moderne.	
g)	L'ensemble des personnes qui assistent à un spectacle.	
h)	La pièce où travaillent le peintre et le couturier.	
i)	Un mot qui désigne la musique, la peinture, la danse, le cinéma.	

Exercice 42

Quelles voyelles manquent ? Trouvez les voyelles qui manquent, et mettez chaque mot dans le groupe auquel il appartient.

P _ _ C _	P _ L _ C _ _ R
_ M _ S S _ _ N	M _ N N _ Q _ _ N
V _ T _ M _ N T	_ P _ R _
D _ M _ D _	_ C R _ N
_ C T _ _ L _ T _ S	S P _ C T _ C L _
C _ M P _ S _ T _ _ R	_ R C H _ S T R _
_ C T _ _ R	H _ _ T _ C _ _ T _ R _
P _ B L _ C	C H _ N T _ _ R
M _ S _ C _ _ N	R _ P _ R T _ G _
S C _ N _	C _ _ T _ R _ _ R

le théâtre

•
•
•
•
•

la télévision

•
•
•
•
•

la mode

•
•
•
•
•

la musique

•
•
•
•
•

Exercice 43 **L'expression qui manque.** Trouvez le mot ou l'expression qui manque.

enregistrer un disque	____________ un film
chanson : chanteur	cinéma : ____________
sculpteur : sculpture	____________ : tableau
regarder un spectacle	____________ de la musique
créer une mode	____________ un opéra
une exposition de peinture	une pièce de ____________
journal : article	télévision : ____________
mode : couturier	musique : ____________
visiter : musée	danser : ____________
musicien : orchestre	____________ : musée

Exercice 44 **Grille de musique.** Sept mots qui se rapportent à la musique sont cachés dans cette grille. À vous de les trouver (à l'horizontale, à la verticale, en diagonale).

A	E	U	Q	H	F	P	D	R	E	B	V	T	G
T	O	C	Y	L	S	A	Z	W	H	X	J	C	O
I	G	M	O	Z	F	O	X	H	A	N	E	Q	A
D	I	S	Q	U	E	S	V	I	U	Z	P	B	N
N	E	E	J	H	T	Q	C	T	T	L	Y	Q	M
K	I	C	A	H	N	E	H	F	–	I	G	S	I
X	M	W	P	S	M	K	U	R	P	Y	K	A	C
A	T	C	T	D	Z	L	E	R	A	U	F	M	R
O	S	G	S	I	E	F	R	I	R	D	A	I	O
E	U	O	F	D	E	J	H	W	L	O	V	I	G
R	A	P	N	Z	C	O	N	C	E	R	T	C	R
J	M	A	V	O	Y	B	Z	T	U	N	H	A	P
L	B	A	L	L	A	D	E	U	R	S	K	U	D

La famille et les amis

1 Champ sémantique

Vocabulaire

adolescent, e (m./f.)	Jugendliche(r)
adulte (m./f.)	Erwachsene(r)
affection (f.)	Zuneigung
affirmer	behaupten
ambiance (f.)	Stimmung
amitié (f.)	Freundschaft
amour (m.)	Liebe
amoureux, -euse	verliebt
atmosphère (f.)	Stimmung
attendre	erwarten, warten
attentif, -ve	aufmerksam
avenir (m.)	Zukunft
baiser (m.)	Kuss
bien(-être) (m.)	Wohl
bonheur (m.)	Glück
boum (f.)	Party
célibataire	ledig
chagrin d'amour (m.)	Liebeskummer
chaleur (f.)	Wärme, Warmherzigkeit
compréhensif, -ve	verständnisvoll
compter	zählen, wichtig sein
conflit (m.)	Konflikt
consoler	trösten
content, e de	zufrieden mit, froh über
contrainte (f.)	Zwang
conversation (f.)	Gespräch, Unterhaltung
copain, e (m./f.)	Freund(in)
couple (m.)	Paar
critiquer	kritisieren
déception (f.)	Enttäuschung
décevoir	enttäuschen
décider	entscheiden
décision (f.)	Entscheidung
déçu, e	enttäuscht
défendre de	verbieten zu

(dés)obéir	(nicht) gehorchen
(dés)obéissant, e	(un)gehorsam
dialoguer	miteinander sprechen
discussion (f.)	Diskussion
discuter de	diskutieren, sprechen über
dispute (f.)	Streit
draguer qn (pop)	jdn. anmachen
éducation (f.)	Erziehung
éduquer	erziehen
élever	erziehen, aufziehen
embrasser	küssen
ensemble	zusammen
espérer	hoffen
exiger	fordern, verlangen
familial, e	familiär
fidèle	treu
fréquentation (f.)	Umgang
fréquenter qn	mit jdm. Umgang haben
gêné, e	verlegen
heureux, -euse	glücklich
importance (f.)	Wichtigkeit
incompréhension (f.)	Unverständnis
(in)dépendant, e	(un)abhängig
indifférence (f.)	Gleichgültigkeit
indifférent, e	gleichgültig
indulgent, e	nachsichtig
interdire de faire qc	etw. verbieten
jaloux, -se	eifersüchtig
liberté (f.)	Freiheit
libre	frei
lieu (m.) **de rencontre**	Treffpunkt
malheureux, -euse	unglücklich
mariage (m.)	Ehe, Hochzeit
mentir	lügen
oser	wagen, sich trauen
permettre de faire qc	etw. erlauben
pleurer	weinen
préférer	vorziehen
prétentieux, -euse	eitel, eingebildet, angeberisch

proche	nah
profiter de qc	etw. nutzen, ausnutzen, genießen
promettre de faire qc	etw. versprechen
protection (f.)	Schutz, Geborgenheit
protéger	schützen
quitter	verlassen
rapport (m.)	Beziehung, Zusammenhang
réfléchir	überlegen
refuge (m.)	Zuflucht
relation (f.)	Beziehung
rencontrer	treffen
rendez-vous (m.)	Verabredung
reproche (m.)	Vorwurf
reprocher qc à qn	jdm. etwas vorwerfen
rêver	träumen
s'entendre	sich verstehen
s'occuper de	sich kümmern um
satisfait, e	zufrieden
se comprendre	sich verstehen
se confier à qn	sich jdm. anvertrauen
se disputer	(sich) streiten
se marier	heiraten
se moquer de	sich lustig machen über, auslachen
se plaindre de	sich beklagen über
se sentir	sich fühlen
secret (m.)	Geheimnis
sécurité (f.)	Sicherheit
sensible	empfindsam, empfindlich
sentiment (m.)	Gefühl
seul, e	allein
sortir	ausgehen
souffrir de	leiden unter
souhaiter	wünschen
timide	schüchtern
tolérant, e	nachsichtig, tolerant
triste	traurig

Idiomes et locutions

donner rendez-vous à qn	Emma donne rendez-vous à ses amies.	sich mit jdm. verabreden
être en colère contre qn	Il est en colère contre sa mère parce qu'elle a réduit son argent de poche.	auf jdn. böse sein
avoir tort/avoir raison	Il a tort de ne pas écouter les conseils de ses parents.	Recht/Unrecht haben
avoir confiance en qn ou qc/ faire confiance à qn	J'ai confiance en toi, mais je ne fais pas confiance à tes amis.	zu jdm./etw. Vertrauen haben
compter sur qc/qn	Alex est un bon ami, on peut compter sur lui.	auf jdn./etw. zählen
tomber amoureux de qn	Il est tombé amoureux d'elle dès qu'il l'a vue.	sich in jdn. verlieben
prendre une décision	Réfléchissez bien avant de prendre une telle décision !	eine Entscheidung treffen
tenir beaucoup à qc	Souvent les grands-parents tiennent beaucoup aux visites des petits-enfants.	auf etw. großen Wert legen, wichtig sein
demander pardon à qn	Après avoir désobéi, il a demandé pardon à son père.	jdn. um Verzeihung bitten, sich bei jdm. entschuldigen
faire des efforts	Les parents font des efforts pour essayer de comprendre les problèmes de leurs enfants.	sich anstrengen
en vouloir à qn	Elle en veut à ses parents qui ne lui permettent pas de sortir ce soir.	jdm. böse sein
rendre qn (mal)heureux	Un chagrin d'amour peut rendre un jeune très malheureux.	jdn. (un)glücklich machen

2 Exercices

Exercice 45

Lettres en désordre. Remettez les lettres entre parenthèses dans l'ordre.

Premier (NACHRIG) __________ d'amour

Julie, une (DECOLANETES) __________ de 13 ans a rencontré Marc à la disco.
Ils ont dansé ensemble et il l'a (ERUDAGE) __________. Il était très beau, et Julie est tout de suite (METEBO ORAMEUSUE) __________ de lui. Ils se sont donné (ZEDERN-SOVU) __________ le lendemain. Julie était très (HESUERUE) __________. Le soir, elle a tout raconté à Brigitte, sa meilleure (PONICE) __________. Elle avait besoin de (ES FOCIREN) __________ à quelqu'un, et elle avait (NIFONECAC) __________ en son amie. Brigitte est jolie, mais les garçons ne l'aiment pas, elle est (SULAJOE) __________ de Julie. Marc lui plaît bien, à elle aussi. Elle l'avait déjà remarqué la semaine dernière dans une (MOBU) __________ chez un (APINOC) __________ de sa classe. Tant pis pour Julie ! elle va essayer de lui prendre Marc.
Julie n'a jamais su comment son amie a fait pour réussir aussi vite, mais quand elle est arrivée devant chez Marc, elle a vu le jeune homme (SERAMREBS) __________ Brigitte.
Elle a été très (HELARUSUMEE) __________ et elle a beaucoup (LÉRUPE) __________. À 13 ans, l'(UROMA) __________ est très important. Heureusement, il y a d'autres garçons et l'un d'eux va sûrement la (SONOCLER) __________.

Exercice 46

Le mot qui manque. Trouvez le mot ou l'expression qui manque.

a) Il ne s'entend pas très bien avec ses parents, il y a beaucoup de c__________ entre eux.

b) Il espérait voir son amie ce soir, elle n'est pas là, il est d_______________ .

c) Regardez les deux amoureux, ils forment un beau c_______________ .

d) Elle a longtemps hésité, elle a bien réfléchi et elle a pris sa d_______________ .

e) Il est fâché ? Oui, il est très en c_______________ .

f) Elle veut absolument réussir ses études pour ne pas d_______________ ses parents.

g) Il a besoin de liberté, il ne supporte pas la c_______________ .

h) Ils se sont séparés après de nombreuses d_______________ .

i) Je vous aiderai, vous pouvez c_______________ sur moi.

j) Les jeunes ont beaucoup de problèmes, il faut se montrer c_______________ envers eux.

k) Il a souvent déçu ses copains, ils n'ont plus c_______________ en lui.

l) Il faut que je parle à mon père. Ce soir, nous aurons une longue c_______________ _______________ .

xercice 47 **Phrases coupées.** Écrivez dans chaque case la lettre qui correspond à la fin de la phrase.

Elle a pris la décision…	☐
Je suis en colère…	☐
Ils se sont donné rendez-vous…	☐
Il faut bien réfléchir…	☐
Je vous demande pardon…	☐
Il a consolé sa sœur…	☐
Il reproche à ses parents…	☐
En ce qui concerne son argent de poche…	☐
Il fait beaucoup d'efforts…	☐
Elle souffre beaucoup…	☐

a … de ne pas comprendre ses problèmes.
b … pour ne pas décevoir ses parents.
c … avant de se marier.
d … de partir seule en vacances.
e … d'une grosse déception amoureuse.
f … de vous déranger.
g … dans le jardin public.
h … qui était très triste.
i … contre le professeur de maths qui m'a puni.
j … il n'en a jamais assez.

Exercice 48 **Grille en escalier.** Pour pouvoir remplir la grille, trouvez les mots qui manquent dans les phrases suivantes :

1 Dans cette famille personne ne part seul, ils partent tous… en vacances.
2 Il vaut mieux dire la vérité plutôt que de…
3 … est un synonyme du mot « futur ».
4 Ce jeu est dangereux, soyez prudents, faites…
5 Il n'est pas satisfait de sa nouvelle voiture, il n'est pas du tout…
6 Je n'aime pas tes nouveaux amis, je te défends de les…
7 Ce père n'est pas assez sévère, il est trop…
8 Il n'a plus besoin de personne, il est devenu…
9 Il se croit meilleur que les autres, je le trouve fier et…
10 Il faut… aux jeunes enfants de fumer et de boire de l'alcool.
11 Les parents affectueux recherchent le… de leurs enfants.
12 Elle ne supporte pas les émotions, elle est très…
13 Ne vous disputez pas avec vos voisins, faites un effort pour vous…

1	E	N									
2		E	N								
3			E	N							
4				E	N						
5					E	N					
6						E	N				
7							E	N			
8						E	N				
9					E	N					
10				E	N						
11			E	N							
12		E	N								
13	E	N									

xercice 49 Phrases lacunaires. Traduisez les mots de la liste suivante et trouvez leur place dans le texte :

ausgehen / böse sein / erlauben / leiden / sich kümmern / sich verlassen/ sich verlieben / verbieten (2 ×) / versprechen / wagen

Ajoutez, si c'est nécessaire, une des prépositions suivantes :

à / de / avec / contre / sur

MARC : Salut Jean-Claude. Dis, c'est vrai que tu es ____________________ ________ Nicole ?

JEAN-CLAUDE : Oui, je l'aime beaucoup, c'est vrai. Pourquoi ?

MARC : Eh bien, on pourrait ____________________ ensemble ce soir. Moi et mon amie Michelle, nous voulons aller à la discothèque.

JEAN-CLAUDE : Impossible, j'ai eu de très mauvaises notes à l'école et mes parents m'ont ____________________ quitter la maison.

MARC : Mais c'est samedi aujourd'hui ! Ils ne peuvent pas te ____________________ ____ voir ta petite amie !

JEAN-CLAUDE : C'est vrai, mais je n'____________ pas désobéir ____ mes parents. Je tiens beaucoup ____ la paix dans la famille.

MARC : Écoute, tu sais que tu peux ____________________ moi. On va trouver une solution. Tu veux que je parle ____ tes parents ? Je vois bien que tu ____________________ leur décision.

JEAN-CLAUDE : C'est gentil Marc, mais ils ne vont pas me ____________________ aller en boîte.

MARC : Attends, je vais m'____________________ tout cela. On va leur parler. Tu vas leur ____________________ travailler sérieusement au lycée.

JEAN-CLAUDE : D'accord, mais pour ce soir, c'est trop tard. Nicole va être déçue. J'espère qu'elle ne sera pas trop ____________________ moi.

Exercice 50 **Comment est-ce qu'ils se sentent aujourd'hui ?** Trouvez les lettres qui manquent pour décrire les images ci-dessous.

a)

A _ _ _ R _ _ X

b)

T _ _ S _ E

c)

M _ L _ _ _ R _ _ X

d)

J _ L _ _ X

e)

T _ M _ D _

f)

E _   C O _ È _ E

g)

C _ N T _ _ T

h)

H _ _ _ _ U _

i)

D _ _ U

Exercice 51 **Synonymes.** Complétez les phrases et trouvez le synonyme du mot ou de l'expression en italique.

a) Les jeunes ont de bons *rapports* avec leurs parents, en général, leurs ______________________ sont plutôt bonnes.

b) J'aime l'*atmosphère* de ce lycée où il y a une bonne ______________________.

c) Mon fils n'est *pas* encore *marié*, il est toujours ______________________.

d) Il est gentil avec ses *amis*, il a beaucoup de ________________.

e) Vous ne pouvez pas *défendre de* fumer, mais vous pouvez ________________ faire du bruit.

f) Il faut *dialoguer* avec les jeunes. Prenons le temps de ________________ ensemble.

g) Ils veulent *élever* leurs enfants le mieux possible, ils essaient de bien les ________________.

h) C'est une chose qu'on ne peut pas *laisser faire*, on ne peut pas tout ________________.

i) Certains jeunes *aiment mieux* les vacances en famille, d'autres ________________ partir seuls.

j) Ils font des efforts pour *se comprendre*, ce n'est pas toujours facile de bien ________________.

xercice 52 **La vie de famille, ce que tout le monde en attend.** Complétez les phrases à l'aide de la liste de mots :

avenir / comprendre / consoler / discuter / fréquenter / la liberté / mentir / obéir / permettre / protéger / s'occuper / se disputer

Ce que les parents attendent des enfants

a) Ils doivent ________________ quand on leur demande quelque chose.

b) Ils doivent penser à leur ________________ quand ils préparent leurs examens.

c) Ne pas ________________ quand on leur pose des questions.

d) Ils doivent ________________ de leurs problèmes.

e) Ils ne doivent pas ________________ avec leurs frères et sœurs.

f) Ils doivent bien choisir leurs amis et ne pas ________________ des jeunes qui se conduisent mal.

Ce que les enfants attendent des parents

g) Il faut leur ____________________ de sortir quand ils en ont envie.

h) Il faut leur donner ____________________ de choisir eux-mêmes leur métier, leurs amis, etc.

i) Il faut les ____________________ contre les dangers de la vie.

j) Les parents doivent ____________________ leurs problèmes et les aider à trouver une solution.

k) Ils doivent les ____________________ quand ils sont malheureux.

l) Les parents doivent prendre le temps de ____________________ d'eux, même quand ils ont du travail.

Exercice 53 **La vie de famille, les amis : les bons côtés et les mauvais côtés.** Trouvez les voyelles qui manquent et mettez chaque mot dans le groupe auquel il appartient.

	F	F		C	T			N

P	R		T		C	T			N

C		N	F	L		T

C	H		L			R

S			F	F	R		R

	M			R

	N	D		F	F		R		N	C	

P	L			R		R

B			N	-		T	R	

D		C		P	T			N

	M		T		

R		P	R		C	H	

R		F		G	

D		S	P		T	

M		L	H			R			X

S		C		R		T	

Les bon côtés	
•	•
•	•
•	•
•	•

Les mauvais côtés	
•	•
•	•
•	•
•	•

Problèmes sociaux

Des manifestants en colère brulent des voitures

1 Champ sémantique

Vocabulaire

abandonner	verlassen, im Stich lassen
accepter	annehmen, akzeptieren
agresser	angreifen
agression (f.)	Aggression, Angriff
aide (f.)	Hilfe
aider qn	jdm. helfen
attirer	anziehen
augmenter	zunehmen, steigen
baisser	fallen, senken
bas, se	niedrig
besoin (m.)	Bedürfnis
brûler	(ver)brennen
carrière (f.)	Laufbahn
casseurs (m./pl.)	Vandalen, Randalierer
chance (f.)	Glück, Chance
chômage (m.)	Arbeitslosigkeit
chômeur, -euse (m./f.)	Arbeitslose(r)
clandestin, e	illegal
clandestin, e (m./f.)	illegaler Einwanderer/illegale Einwanderin
condition (f.)	Bedingung, Umstand, Voraussetzung
coutumes (f./pl.)	Sitten, Bräuche
craindre	befürchten
criminalité (f.)	Kriminalität
crise (f.)	Krise
défilé (m.)	Protestmarsch
défiler	vorbeimarschieren
désespéré, e	verzweifelt
désespoir (m.)	Hoffnungslosigkeit, Verzweiflung
détester	hassen, verabscheuen
difficulté (f.)	Schwierigkeit
diminuer	abnehmen, verringern
économie (f.)	Wirtschaft
embaucher	einstellen
émeute (f.)	Aufruhr
émigrer	auswandern

emploi (m.)	(Arbeits-)Stelle
employé, e (m./f.)	Angestellte(r)
employeur, -euse (m./f.)	Arbeitgeber(in)
éprouver	empfinden
espérer	hoffen
espoir (m.)	Hoffnung
essayer	versuchen, probieren
étranger, -ère (m./f.)	Ausländer(in)
exclu, e	ausgeschlossen
exclure	ausschließen
formation (f.)	Ausbildung
habitude (f.)	Gewohnheit
haine (f.)	Hass
haut, e	hoch
hostile	feindlich
ignorant, e	unwissend
immigré, e (m./f.)	Einwanderer, Einwanderin
immigrer	einwandern
incendier	in Brand stecken, anzünden
(in)justice (f.)	(Un-)Gerechtigkeit
intégrer	integrieren
(in)tolérance (f.)	(In-)Toleranz
licenciement (m.)	Entlassung
licencier	entlassen
logement (m.)	Wohnung, Unterkunft
lutter	kämpfen
manifestant, e (m./f.)	Demonstrant(in)
manifestation (f.)	Demonstration
manifester	demonstrieren
méfiance (f.)	Misstrauen
méfiant, e	misstrauisch
menace (f.)	Bedrohung
menacer	bedrohen
mendiant, e (m./f.)	Bettler(in)
mendier	betteln
misérable	schlecht, elend
misère (f.)	Elend, Armut
monter	steigen
nationalité (f.)	Staatsangehörigkeit

nourrir	ernähren
offre (f.)	Angebot
ouvrier, -ière (m./f.)	Arbeiter(in)
papiers (m./pl.)	Ausweispapiere
patron, ne (m./f.)	Chef, Arbeitgeber(in)
pauvreté (f.)	Armut
perdre	verlieren
permis de séjour (m.)	Aufenthaltserlaubnis
perte (f.)	Verlust
petites annonces (f./pl.)	Anzeigen
peur (f.)	Angst
place (f.)	Stelle, Arbeitsstelle
plein emploi (m.)	Vollbeschäftigung
possibilité (f.)	Möglichkeit
préjugé (m.)	Vorurteil
professionnel, le	beruflich
protester	protestieren
qualification (f.)	Qualifikation
quitter	verlassen
racisme (m.)	Rassismus
raciste (m./f.)	Rassist, rassistisch
refus (m.)	Ablehnung
refuser	ablehnen, sich weigern
rejeter	ablehnen, zurückweisen
renvoyer	zurückschicken
reprocher qc à qn	jdm. etw. vorwerfen
résoudre	lösen
ressentir	empfinden, fühlen
réussir	gelingen
réussite (f.)	Erfolg
richesse (f.)	Reichtum
risquer	riskieren
S.D.F. (sans domicile fixe) (m./f.)	Obdachlose(r)
s'intégrer	sich integrieren
salaire (m.)	Lohn, Gehalt
sans-abri (m./f.)	Obdachlose(r)
se sentir	sich fühlen
sentiment (m.)	Gefühl
social, e	sozial

société (f.)	Gesellschaft
solitude (f.)	Einsamkeit
solution (f.)	Lösung
souci (m.)	Sorge
souffrir de qc	unter etwas leiden
strict, e	streng
terrible	schrecklich
tolérer	dulden
travail (m.)	Arbeit
violence (f.)	Gewalt
voler	stehlen
volonté (f.)	Wille

Idiomes et locutions

travailler à temps partiel/ à temps complet	Les mères qui ont des jeunes enfants choisissent parfois de travailler à temps partiel.	Teilzeit/Vollzeit arbeiten
la société de consommation	La société de consommation des pays riches attire les immigrés.	Konsumgesellschaft
mourir de faim/ mourir de froid	En hiver, il y a des sans-abri qui meurent de froid dans la rue.	vor Hunger sterben/ erfrieren
gagner sa vie	Pour pouvoir gagner sa vie et celle de sa famille, il faut avoir du travail.	seinen Lebensunterhalt verdienen
se faire du souci	Quand les usines licencient, les employés se font du souci.	sich Sorgen machen
prendre des mesures	L'État français a pris des mesures pour lutter contre le chômage.	Maßnahmen ergreifen
avoir de la chance/ avoir la chance de faire qc	Après ses examens, il a eu la chance de trouver tout de suite du travail.	Glück haben/ das Glück haben

être dans le besoin	Des associations essaient d'aider les gens qui sont dans le besoin.	in Not sein
poser des problèmes	La langue, le travail, le logement, le racisme posent des problèmes aux immigrés.	Probleme machen/ darstellen
venir en aide à qn	On a ouvert des « restaurants du cœur » pour venir en aide aux gens qui n'ont pas d'argent pour manger.	jdm. zu Hilfe kommen, helfen
à la recherche de	Après leurs études, beaucoup de jeunes sont à la recherche d'un travail.	auf der Suche nach
C.D.I. (contrat à durée indéterminée) **C.D.D. (contrat à durée déterminée)**	Après une période d'essai *(Probezeit)* de quelques mois, les employeurs proposent parfois un C.D.I. à leurs employés.	unbefristeter Arbeitsvertrag befristeter Arbeitsvertrag
à l'égard de	Beaucoup de gens se montrent peu tolérants à l'égard des immigrés et de leurs problèmes.	gegenüber, hinsichtlich
les quartiers défavorisés	La criminalité, le chômage et la pauvreté se concentrent dans les quartiers défavorisés.	ärmere/benachteiligte Wohngebiete
les bandes rivales	Les bagarres entre bandes rivales font parfois des morts.	rivalisierende Banden
l'acte (m.) **de violence**	Les manifestations se terminent souvent par des actes de violence.	Ausschreitung

2 Exercices

Exercice 54 **Quel verbe va avec quel substantif ?** Trouvez le mot ou l'expression qui va avec chacun des verbes suivants.

venir	________
résoudre	________
gagner	________
prendre	________
mourir	________
se faire	________
émigrer	________
lutter	________
se sentir	________
s'intégrer	________
embaucher	________
travailler	________

un ouvrier
un problème
des mesures
en Amérique
en aide à qn
contre l'injustice
sa vie
à temps partiel
du souci
de faim
dans la société
seul

Exercice 55 **Lettres en désordre.** Remettez les lettres de la case dans l'ordre.

a) Il s'est présenté pour la place, mais le patron ne l'a pas ________.

m é c e a u b h

b) Les sans-abris n'ont pas de ________.

g m t l e o n e

c) Le ________ pose un vrai problème.

h c g a ô m e

d) Si tu cherches du travail, lis les ________ ________ dans le journal.

n s i n e t s o c t e n p e a

e) Loin de leur famille, les immigrés souffrent de ________.

l e t s u o i d

f) Les racistes sont ________ envers les immigrés.

h i o s e s t l

g) Il a eu de la ____________________, il a trouvé un travail intéressant.

n c e
a c h

h) Beaucoup d'immigrés ne trouvent pas de ____________________ à leurs problèmes.

t o u n
l s o i

i) Les immigrés doivent ________________________ leur pays pour partir à l'étranger.

a n b n r
d o e a n

Exercice 56

Antonymes. Complétez les phrases et trouvez le contraire du mot ou de l'expression en italique.

a) Les différences sociales sont grandes. Certains vivent dans *la richesse* et d'autres dans ____________________________.

b) Vous avez le choix. Vous pouvez *accepter* ou ________________________ de faire ce travail.

c) Cette usine va *licencier* du personnel, mais on va pouvoir ________________ les ouvriers ailleurs.

d) La criminalité *augmente* dans les villes mais le chômage commence à ______________________________.

e) Cet immigré *a un permis de séjour*, mais celui-là est un immigré ____________________________.

f) Il *aime beaucoup* son travail, mais il ________________________ son patron.

g) Au lieu d'*exclure* les étrangers, il vaut mieux essayer de les _______________ dans la société.

h) Au début il était __________________, mais maintenant il est plutôt *amical* envers les immigrés.

i) Tout son *amour* s'est transformé en ______________________.

j) Dans l'échelle de la société, il était tout *en bas* et maintenant il est arrivé tout ________________________.

k) À Paris *les quartiers riches* se trouvent surtout en centre ville, les ____ se trouvent en banlieue.

l) En hiver, les *gens qui ont un logement* peuvent dormir au chaud, mais les ________________________ souffrent du froid.

xercice 57

Phrases coupées. Écrivez dans chaque case la lettre qui correspond à la fin de la phrase.

Il se fait du souci…	☐
Les immigrés clandestins…	☐
Les employeurs recherchent…	☐
Les demandeurs d'emploi sont…	☐
Beaucoup d'immigrés se sentent…	☐
Il travaille dur…	☐
Les racistes refusent…	☐
Les immigrés quittent leur pays…	☐
Les préjugés, l'intolérance et la haine…	☐
Sans papiers et sans permis de travail…	☐

a … à la recherche d'un travail
b … conduisent au racisme et à la violence.
c … d'intégrer les immigrés dans leur société.
d … dans l'espoir de vivre mieux dans un pays étranger
e … des ouvriers qualifiés.
f … les immigrés risquent d'être renvoyés dans leur pays.
g … n'ont pas de permis de séjour.
h … parce qu'il ne trouve pas de travail.
i … pour gagner sa vie et nourrir sa famille.
j … seuls et abandonnés.

xercice 58

Les mots de la même famille. Complétez les phrases avec les mots de la même famille que les mots et expressions en italique.

a) Beaucoup de gens âgés vivent *seuls*. La ______________________ est un problème de notre société.
b) Il n'*espère* plus rien. Il a perdu tout ______________________.
c) Je suis sûr que tu *réussiras*. Ce sera même une belle ______________________.
d) Non, c'est *impossible*, je ne vois aucune ______________________.
e) La capitale a beaucoup à *offrir*, mais les ______________________ d'emploi ne suffisent pas.
f) Certains jeunes sont *agressifs* parce qu'ils ont été eux-mêmes victimes d'une ______________________.
g) L'État garantit la *tolérance* religieuse. Il demande de ______________________ toute religion.

h) Les gens *se méfient* de ce qu'ils ne connaissent pas. Cette ______________________ mène au racisme.

i) Il va être *licencié*. Son ______________________ va poser un problème à sa famille.

j) Il ne faut pas *perdre* courage après la ______________________ de son emploi.

Exercice 59 **Le mot caché.** Celle des adolescents vient souvent de l'ennui et du manque d'activités.

1 Il refuse d'intégrer dans sa société les gens de race différente de la sienne.
2 Synonyme de grande pauvreté.
3 Venir vivre dans un pays étranger.
4 Quand on en a un, on n'est pas chômeur.
5 Un sentiment désagréable que ressentent les personnes trop seules.
6 Il vient d'un autre pays.
7 Un sentiment qui pousse à la violence. Le contraire de l'amour.
8 Il faut en trouver une à nos problèmes.
9 Les immigrés qui n'en ont pas risquent d'être renvoyés dans leur pays.
10 Les habitudes, la façon de vivre d'un peuple, d'une société.
11 Un synonyme du verbe « attaquer ».

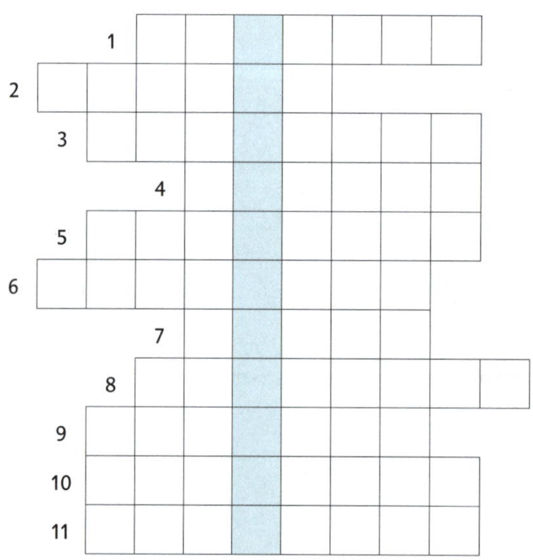

xercice 60

Le mot en trop. Il y a dans chaque liste un mot qui ne concerne pas les autres. Lequel et pourquoi ?

a)

la criminalité
la violence
l'agression (f.)
le racisme

___

___

___

b)

l'emploi (m.)
le travail
le patron
la place

___

___

___

c)

refuser
ressentir
rejeter
exclure

___

___

___

d)

la menace
la misère
la pauvreté
le besoin

___

___

___

e)

menacer
agresser
attirer
lutter

___

___

___

f)

l'intolérance (f.)
la méfiance
la haine
la justice

___

___

___

Exercice 61

Phrases lacunaires. Complétez les phrases à l'aide de la liste suivante. Accordez les mots si c'est nécessaire :

aide / attirer / condition / employeur / langue / permis de séjour / préjugé / qualification / société / volonté /peau

Quand les immigrés arrivent dans le pays où ils ont décidé de vivre, ils ont beaucoup de problèmes. Souvent, ils ne parlent pas la ___ du pays. Ensuite pour pouvoir rester, il leur faut un ___ ___. Ils sont ___ par notre société de consommation et par les ___ de vie qui sont meilleures que chez eux. Pour leur venir en ___, on leur cherche un logement et du travail. Souvent les ___ ne veulent pas les embaucher, parce qu'ils n'ont pas de ___ professionnelle. L'ignorance et l'intolérance sont la cause des ______________________ que certaines personnes ont contre les immigrés. Ils sont rejetés à cause de la couleur de leur _____________. Pourtant avec beaucoup de ________________, ils arrivent à trouver leur place dans la __________________________.

Exercice 62 **Grille en escalier.** Remplissez la grille avec les mots qui conviennent.

1 Le contraire de « pauvreté ».
2 Dans les grandes villes, celle des jeunes augmente et pose un grand problème à la police.
3 Un synonyme de « sévère ».
4 Il travaille dans une usine.
5 Un verbe qui signifie : donner à manger.
6 En allemand : « schrecklich, furchtbar ».
7 Celui qui est obligé de dormir dans la rue n'en a pas.
8 Quand elle est économique, elle conduit au chômage.
9 Un verbe qui signifie « courir un danger ».

1	R	I									
2		R	I								
3			R	I							
4				R	I						
5					R	I					
6				R	I						
7			R	I							
8		R	I								
9	R	I									

Sciences/techniques et environnement

Oui maman, j'ai bien posté la lettre comme tu l'as dit.

1 Champ sémantique

Vocabulaire

accéder à	Zugang haben zu
accès (m.)	Zugang
air (m.)	Luft
allumer	einschalten
appareil (m.)	Apparat, Gerät
arobase (m.)	@-Zeichen
atomique	atomar, Atom-
atteindre	erreichen
avenir (m.)	Zukunft
billet (m.)	Fahrkarte
bogue (m.)	Computerabsturz
circulation (f.)	Verkehr
climat (m.)	Klima
console de jeux (f.)	Spielkonsole
consommateur, -trice (m./f.)	Verbraucher(in)
consommation (f.)	Konsum
construire	bauen, errichten
danger (m.)	Gefahr
déchets (m./pl.)	Abfall *(Industrie)*
découverte (f.)	Entdeckung
découvrir	entdecken
déranger	stören
destruction (f.)	Zerstörung
détruire	zerstören
développement (m.)	Entwicklung
développer	entwickeln
disposer de	verfügen über
données (f./pl.)	Daten
écologique	umweltfreundlich
écran (m.)	Bildschirm
électronique	elektronisch
en ligne	online
enregistrer	aufnehmen, speichern
environnement (m.)	Umwelt
envoyer	senden

éteindre	abschalten
fichier (m.)	Datei
fumée (f.)	Rauch
gaspiller	verschwenden
gaz (m.)	Gas
imprimante (f.)	Drucker
(in)capable de	(un)fähig zu
industrie (f.)	Industrie
internaute (m./f.)	Internetnutzer
Internet (m.)	Internet
(in)utile	(un)nötig
inventer	erfinden
invention (f.)	Erfindung
laboratoire (m.)	Labor
lent, e (adj)	langsam
logiciel (m.)	Software, Programm
loin	weit
marée noire (f.)	Ölpest
message (m.)	Nachricht
nature (f.)	Natur
nécessaire	notwendig
nettoyer	putzen, reinigen
nucléaire	nuklear, Kern-, Atom-
ordinateur (m.)	Computer
ordures (f./pl.)	Abfall *(Haushalt)*
polluer	verschmutzen
pollution (f.)	Verschmutzung
portable (m.)	Handy
préserver	erhalten
proche	nahe
programme (m.)	Programm
projet (m.)	Projekt
propre	sauber
protection (f.)	Schutz
protéger	schützen
puissant, e	mächtig, stark, leistungsfähig
pur, e	rein
rapide (adj)	schnell
rayon (m.)	Strahl

réaliser	verwirklichen, durchführen
recherche (f.)	Forschung
(re)chercher	(ver)suchen, erforschen
relier	verbinden
remplacer	ersetzen
rendre service	helfen, nützlich sein
renseignement (m.)	Auskunft
renseigner	Auskunft geben
réseau (m.)	Netz
respecter	beachten, respektieren
risque (m.)	Risiko
s'intéresser à qc	sich für etwas interessieren
sale	schmutzig
salir	verschmutzen
savant, e (m./f.)	Gelehrte(r); Wissenschaftler(in)
science (f.)	Wissenschaft
scientifique	wissenschaftlich
se développer	sich entwickeln
se passer de	entbehren, auskommen ohne
se planter (inform)	abstürzen
se rendre	gehen, sich begeben
se renseigner	sich erkundigen
site (m.)	Homepage
le smartphone	Smartphone
sol (m.)	Boden
souris (f.)	Maus
supprimer	löschen
T.G.V. (m.) **(train à grande vitesse)**	Hochgeschwindigkeitszug
taper	tippen
technicien, ne (m./f.)	Techniker(in)
terre (f.)	Erde
touche (f.)	Taste
toxique	giftig
traverser	durchqueren
usine (f.)	Firma, Fabrik
utiliser	benutzen
virus (m.)	Virus
vitesse (f.)	Geschwindigkeit

Idiomes et locutions

il suffit de	Il suffit de se brancher sur Internet pour pouvoir communiquer avec le monde entier.	man braucht nur, es genügt zu
sur Internet	On peut trouver l'adresse d'un hôtel ou réserver un billet de train sur Internet.	im Internet
mettre en marche	Pour mettre l'appareil en marche, appuyer sur la touche « on ».	einschalten, in Gang setzen
envoyer un courriel	Pour envoyer un courriel il faut avoir accès à Internet.	eine E-Mail schicken
porter sur soi	Le téléphone portable est un téléphone qu'on porte sur soi.	bei sich tragen
à cause de	Beaucoup de rivières sont polluées à cause des déchets industriels.	aufgrund von, wegen
prendre des mesures	Il faudra bientôt prendre des mesures pour lutter contre le gaspillage de l'eau.	Maßnahmen ergreifen
rouler à (la vitesse de)	Il est interdit de rouler à plus de 130 km à l'heure sur les autoroutes françaises.	(mit einer Geschwindigkeit von) ... fahren
n'importe où	Vous pouvez aller n'importe où, c'est partout la même chose.	irgendwo, an einem x-beliebigen Ort

2 Exercices

Exercice 63

Définitions. Trouvez le mot ou l'expression qui correspond à chaque définition.

a)	Quelque chose qu'on respire et qui est souvent pollué par la fumée et les gaz toxiques.	
b)	Quelque chose qui remplace une lettre et qui permet de communiquer sur Internet.	
c)	Quelqu'un qui surfe sur Internet.	
d)	Une grosse pollution de la mer ou de l'océan.	
e)	Quelque chose qui pose des problèmes parce qu'il y a trop de voitures.	
f)	Un petit animal ou un petit appareil pour travailler avec l'ordinateur.	
g)	Ceux du soleil peuvent être dangereux.	
h)	Quelque chose qu'il faut faire quand on a fini de travailler avec un appareil.	
i)	Celle de l'Amérique a été faite il y a plus de 500 ans.	
j)	Un endroit où les chercheurs font leurs recherches et leurs expériences.	

Exercice 64

Synonymes. Remplacez les mots en italique par un mot ou une expression synonyme.

a) Il faut apprendre à *(se servir d')* ________________________ un ordinateur.

b) *(Au futur)* _____ ________________, il faudra trouver d'autres sources d'énergie.

c) Les écologistes veulent *(préserver)* ____________________ la nature.

d) Souvent les plages sont *(malpropres)* ____________________ à cause des touristes qui laissent des déchets.

e) Le T.G.V. roule très *vite*, c'est un train très ____________________.

f) Par le train, on peut *(aller)* ____________________ de Paris à Lyon en moins de deux heures.

g) Il y a un (programme) ____________________ spécial anti-virus pour protéger les ordinateurs.

h) Il faut empêcher certaines industries de *(salir)* ____________________ l'environnement.

i) Ne laissez pas vos *(ordures)* ____________________ n'importe où, utilisez les poubelles.

Exercice 65

Le mot en trop. Il y a dans chaque liste un mot qui ne concerne pas les autres. Lequel et pourquoi ?

a)
supprimer
enregistrer
surfer
déranger

____

____

b)
la pollution
la découverte
la fumée
le gaz

____

____

c)
l'avenir (m.)
le fichier
le courriel
l'imprimante (f.)

____

____

d)
préserver
protéger
respecter
gaspiller

____

____

e)
la souris
la touche
le sol
le site

____

____

f)
la recherche
l'usine (f.)
le laboratoire
les sciences (f./pl.)

____

____

Exercice 66 **Phrases lacunaires.** Complétez les phrases à l'aide de la liste suivante :

Entdeckung / erreichen / fähig / Fahrkarte / giftig / Homepage / senden / sich erkundigen / Handy / verschwenden

a) L'ordinateur est ____________________ de faire des millions d'opérations en peu de temps.

b) Vous pouvez ____________________ un e-mail avec votre ordinateur.

c) Il faut apprendre aux enfants à ne pas ____________________ l'eau.

d) Le T.G.V. peut ____________________ une très grande vitesse.

e) Quand on prend le train, il faut ______ ____________________ sur les heures de départ et d'arrivée.

f) Certains gaz industriels sont ____________________.

g) Il est défendu de voyager sans ____________________.

h) Aujourd'hui, vous pouvez téléphoner de partout grâce au ________________ ____________________.

i) La ____________________ d'un médicament peut sauver beaucoup de vies.

j) Pour être mieux connues, beaucoup d'entreprises ont un ________________ Internet.

Exercice 67 **Charade.** La première syllabe de chaque mot va vous aider à trouver un mot caché (Les scientifiques y font leurs expériences).

a) Article défini : ______

b) Une catastrophe quand il se passe dans votre ordinateur : ______ ______

c) Le contraire de lent : ______ ______ ______

d) Travaillons tous les deux, ______ et moi.

e) Une découverte est souvent le résultat d'une longue ______ ______ ______

<u>Le mot caché est</u> : ______ ______ ______ ______ ______

Exercice 68

Le mot caché. Pour trouver le nom de quelque chose qui vous permet d'entrer en contact avec le monde entier, trouvez le mot correspondant aux définitions suivantes.

1 Un appareil relié à l'ordinateur pour imprimer un texte.
2 Quelque chose qu'il faut protéger de la pollution.
3 Un moyen de transport rapide, sûr, qui devrait remplacer plus souvent la voiture.
4 Le nôtre est menacé par les pollueurs.
5 Le travail que font les chercheurs dans leur laboratoire.
6 Rendre plus propre, enlever la saleté.
7 Ce qu'on fait après avoir écrit un courriel pour que le destinataire le reçoive.
8 Le nom de notre planète.

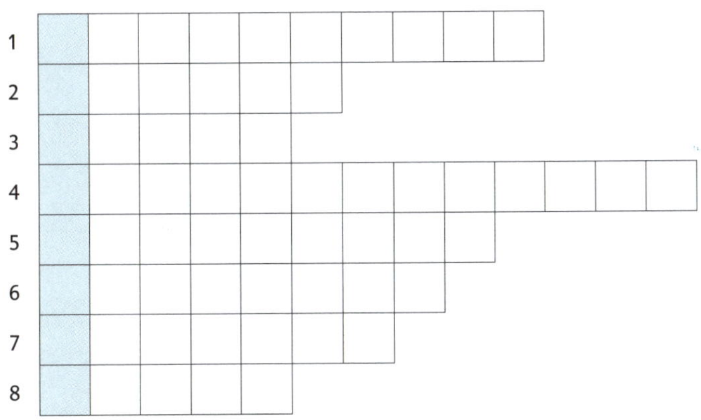

Exercice 69

Un autre mot caché. Pour trouver le nom de quelque chose qui est très menacé par la pollution, trouvez le mot correspondant aux définitions suivantes.

1 Quelque chose qui se fait en laboratoire et qui peut mener à une découverte.
2 Un appareil qui a remplacé la machine à écrire.
3 Quelque chose qui provoque des maladies et des pannes d'ordinateurs.
4 Le contraire du verbe économiser.
5 Quelque chose qu'on regarde à la télé, au cinéma et devant l'ordinateur.
6 Quelque chose qu'il faut pour travailler avec un ordinateur. On tape dessus.
7 Un synonyme pour le « futur ».
8 Un adjectif pour qualifier quelque chose qui ne sert à rien.

9 Une chose qui est limitée à 50 km à l'heure dans les villes et à 130 sur les autoroutes françaises.
10 Celui de l'Afrique est plus chaud que le nôtre.
11 Quelque chose qui sort de la cheminée de l'usine et qui pollue l'air.
12 Un verbe qui signifie répondre à une question, donner une explication.
13 Un moyen de transport, celui à grande vitesse permet de voyager rapidement.

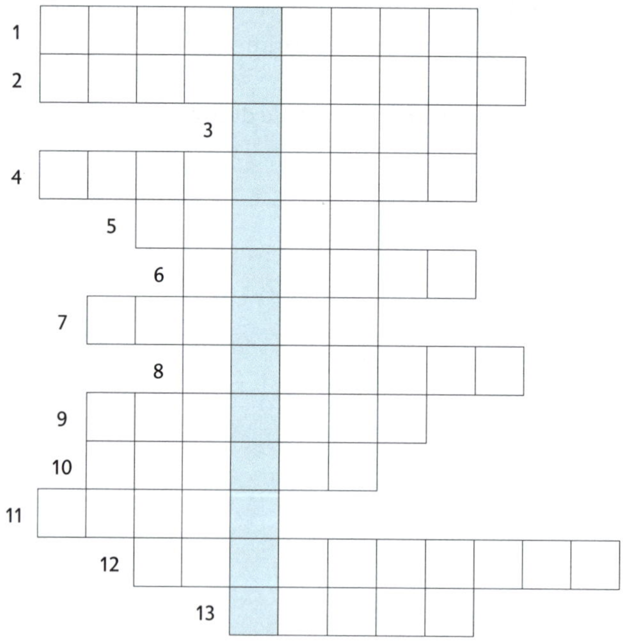

Exercice 70 **Définitions.** Choisissez dans la liste des adjectifs celui qui correspond au dernier mot de chaque phrase.

atomique/écologique/lent/proche/puissant/pur/rapide/sale/électronique/toxique/utile

a) Quand on a souvent besoin d'un appareil, on dit qu'il est ______________ .
b) L'arme la plus dangereuse est ______________ .
c) Quand il y a des embouteillages, la circulation est ______________ .
d) Si on jette les déchets par terre, les rues sont ______________ .
e) Quand on peut boire une eau, elle est ______________ .

f) Les gaz rejetés par les usines et les voitures sont ________________ .

g) Les grosses voitures d'aujourd'hui ont un moteur qui est ________________ .

h) La protection de la nature est une mesure ________________ .

i) L'ordinateur est un appareil ________________ .

j) Le T.G.V. est un train ________________ .

xercice 71

Phrases coupées. Écrivez dans chaque case la lettre qui correspond à la fin de la phrase.

Les voyageurs se rendent à la gare…	☐
Le téléphone portable…	☐
Les savants font des recherches…	☐
Le virus est un danger pour l'homme…	☐
La protection de la nature…	☐
Les gaz des voitures et des usines…	☐
Les sciences et la technique d'aujourd'hui…	☐
Les jeux électroniques…	☐
L'informaticien a perdu tout son fichier…	☐
Le climat de notre planète…	☐

a … après un bogue de son ordinateur.
b … est dérangé par la pollution.
c … est un devoir pour tout le monde.
d … intéressent beaucoup les jeunes enfants.
e … mais aussi pour l'ordinateur.
f … permettent de faire des découvertes intéressantes.
g … polluent l'air.
h … pour prendre le T.G.V.
i … pour trouver le moyen de lutter contre la maladie.
j … remplace les cabines téléphoniques.

Solutions

Et voilà, pour éclairer votre lanterne…

Paris – Capitale de la France

Exercice 1

a) Le bus et le métro sont des moyens de **transport public**.
b) Les marchands qui vendent des livres le long des quais de la Seine sont les **bouquinistes**.
c) Les grands **immeubles** sont des bâtiments typiques de la banlieue parisienne.
d) La **curiosité** la plus célèbre de Paris est la tour Eiffel.
e) En prenant le métro, vous évitez les **embouteillages** dans les rues de Paris.
f) Depuis des siècles Paris est la **capitale** de la France.
g) Les touristes suivent leur **guide** d'un monument à l'autre.
h) La tour Eiffel, haute de 324 m, est le **monument** le plus visité de Paris.
i) Un **piéton** est quelqu'un qui marche à pied.
j) Le métro est un train **souterrain**.
k) Une période de cent ans s'appelle un **siècle**.
l) Située dans le **Quartier** latin, la Sorbonne est une grande université française.
m) Les touristes achètent des **souvenirs** dans les magasins.

Exercice 2

a) Du haut de la tour Eiffel, on a une vue *(merveilleuse)* **admirable** sur Paris.
b) *(Quand la circulation est au maximum)* **Aux heures de pointe** il n'y a plus de place dans le métro.
c) Les *(habitants de Paris)* **Parisiens** passent leurs vacances à la campagne.
d) Les *(gens qui vont à pied)* **piétons** doivent marcher sur les trottoirs.
e) Les *(marchands de vieux livres)* **bouquinistes** ont leurs stands au bord de la Seine.
f) Les *(larges rues)* **boulevards** qui encerclent Paris portent le nom des maréchaux *(Feldmarschall)* de Napoléon.
g) Il est souvent difficile de *(rouler en voiture)* **circuler/conduire** dans Paris.
h) Les loyers des appartements du centre-ville *(sont très élevés)* **coutent chers/sont chers**.
i) Paris est la *(première ville)* **capitale** de la France.
j) Du haut de la tour Eiffel, *(le panorama)* **la vue** qui s'offre aux touristes est extraordinaire.
k) La rue Lepic est une rue *(caractéristique)* **typique du** quartier de Montmartre.
l) Dans les *(grandes maisons de plusieurs étages)* **immeubles** de banlieue, les gens vivent souvent dans l'anonymat.

Exercice 3

a) C'est un *(nouveau)* **vieux** bâtiment.
b) Le centre-ville est un quartier très *(calme)* **bruyant**.
c) La pyramide de verre est *(très loin)* **tout près** du Louvre.
d) Les Parisiens *(peuvent facilement)* **ont du mal à** trouver un logement dans Paris.
e) Le matin, entre 6 et 8 heures, le métro est *(plein à craquer)* **vide**.
f) Les rues de Montmartre sont *étroites*, les avenues sont **larges**.
g) Pour bien visiter Paris, il ne faut pas *se dépêcher*, il vaut mieux **prendre son temps**.
h) Ce monument est *(inconnu)* **célèbre**.
i) À Paris, le bus est un moyen de transport un peu *lent*, le métro est plus **rapide.**

Exercice 4

a)
le clochard
~~le pilote~~
le bouquiniste
le peintre
le guide

n'est pas un Parisien typique

b)
le bus
~~le piéton~~
le métro
le train
le bateau-mouche

n'est pas un moyen de transport public

c)
l'étudiant
la Sorbonne
le Quartier latin
~~le bouquiniste~~
l'université

pas de rapport avec les études

d)
se promener
flâner
marcher
se rendre
~~s'allumer~~

n'est pas une manière de se déplacer

e)
l'arrondissement
le quartier
~~le monument~~
la banlieue
le centre-ville

n'est pas une partie de la ville

f)
le musée
l'exposition
~~le grand magasin~~
le concert
la soirée à l'Opéra

pas de rapport avec la culture

Exercice 5

1	A	R	R	O	N	D	I	S	S	E	M	E	N	T			
2						E	S	C	A	L	I	E	R				
3								L	O	Y	E	R					
4					T	O	U	R	I	S	T	E					
5										É	T	U	D	I	A	N	T
6						G	U	I	D	E							

Exercice 6 individuelle Lösung, z. B.

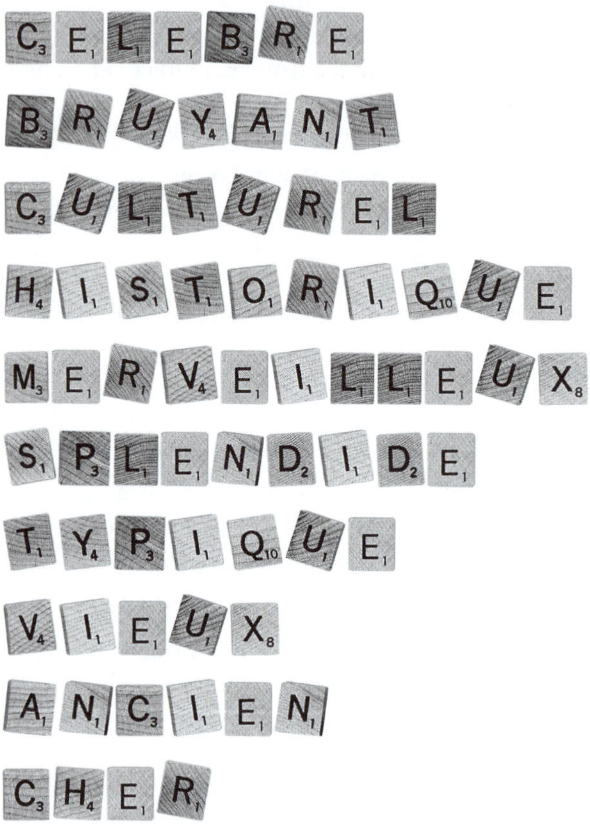

Exercice 7

a) Strasbourg est une grande ville située **dans l'est de** la France.
b) **Parmi** tous les usagers du métro, beaucoup voyagent sans ticket.
c) L'Obélisque se trouve **au milieu de** la place de la Concorde.
d) Le métro circule **au-dessous de** la ville de Paris.
e) Le boulevard périphérique est une autoroute qui passe **autour de** Paris.
f) La Bretagne est une région située **à l'ouest de** Paris.
g) À Montmartre, on découvre la place du Tertre **à côté du** Sacré-Cœur.
h) Regardez devant vous, il suffit de traverser la rue, le musée est **en face de** vous.
i) La Provence est une province **au sud de** Paris, **dans le sud de** la France.
j) La Seine coule **sous** les ponts de Paris.
k) L'île de la Cité est située **entre** deux bras de la Seine.

Exercice 8

Comment s'appelle la grande place d'où partent douze avenues ?	
☐ la place de la Concorde	☐ la place du Tertre
☒ la place Charles de Gaulle	☐ la place de l'Europe

Quel est le nom du plus vieux quartier de Paris ?	
☒ l'île de la Cité	☐ les Halles
☐ le Quartier latin	☐ le Marais

Comment s'appelle le quartier des étudiants ?	
☐ le Louvre	☐ la Sorbonne
☒ le Quartier latin	☐ les Enfants-Rouges

Quel monument, construit en 1889, mesure plus de 300 m de haut ?	
☐ l'Arc de Triomphe	☐ l'Opéra
☐ les Invalides	☒ la tour Eiffel

Comment s'appelle le monument situé au milieu de la place Charles de Gaulle ?	
☐ l'Obélisque	☐ l'Observatoire
☒ l'Arc de Triomphe	☐ le Petit Palais

Quelle est la plus célèbre avenue de Paris ?	
☐ l'avenue de la Grande Armée	☒ les Champs-Élysées
☐ le périphérique	☐ la Concorde

Quelle église de Paris a été construite au Moyen Âge ?	
☒ la cathédrale Notre-Dame	☐ la cathédrale Saint-Louis-des-Invalides
☐ la basilique du Sacré-Cœur	☐ l'Église de la Madeleine

Quel établissement porte le nom d'un président français ?	
☐ l'université Paris-Dauphine	☐ l'hôpital Xavier-Bichat
☐ le Trianon	☒ le centre Pompidou

Comment s'appelle l'église blanche sur la Butte Montmartre ?	
☐ Notre-Dame	☐ le Panthéon
☐ les Invalides	☒ le Sacré-Cœur

Lequel de ces moyens de transport public est souterrain ?	
☐ le bus	☐ le train
☒ le métro	☐ l'avion

Quel palais où habitaient les rois de France est un grand musée aujourd'hui ?	
☒ le Louvre	☐ l'Arche de la Défense
☐ le Panthéon	☐ les Tuileries

Lequel de ces fleuves traverse Paris ?	
☐ la Loire	☒ la Seine
☐ le Rhin	☐ le Rhône

L'école et la vie professionnelle

Exercice 9

a) Il passe dans la classe supérieure parce qu'…
- ☐ il a un mauvais bulletin.
- ☒ il a au moins la moyenne de 10 sur 20 dans ses notes.
- ☐ il a raté son examen.

b) C'est un élève obéissant, …
- ☐ il n'écoute pas le professeur.
- ☐ il est indiscipliné.
- ☒ il fait ce qu'on lui demande.

c) Il veut réussir sa vie professionnelle, alors…
- ☒ il fait un stage dans une entreprise.
- ☐ il choisit son métier sans réfléchir.
- ☐ il ne pense qu'aux vacances.

d) Un jumelage qui marche bien, c'est quand…
- ☐ les gens se rencontrent rarement.
- ☒ les villes se découvrent avec intérêt et s'entendent bien sur beaucoup de choses.
- ☐ le problème de la langue est grand, les gens ne se comprennent pas.

e) Il sèche les cours, …
- ☐ il ne fait pas ses devoirs.
- ☐ il désobéit aux professeurs.
- ☒ il manque les cours, sans raison.

f) Il fait la connaissance de son correspondant, …
- ☐ il fait une excursion avec sa classe.
- ☒ il rencontre pour la première fois un ami étranger à qui il écrit régulièrement.
- ☐ il part en vacances avec sa famille.

Exercice 10

a)

P A R E S S E U X

b)

S T R E S S É

c)

O B É I S S A N T

d)

I N D U L G E N T

e)

S É R I E U X

f)

C O U R A G E U X

Exercice 11

a) Il *(a été reçu)* **a réussi le** baccalauréat.
b) Ce monsieur *(fait)* **exerce** un métier difficile.
c) C'est *(un métier)* **une profession** qui me plairait bien.
d) Nous avons trouvé cet examen très *(difficile)* **dur**.
e) Vous pouvez *(participer)* **prendre part** à un échange scolaire.
f) Je voudrais bien *(aller voir)* **rendre visite à** mon correspondant cet été.
g) Vers 10 heures, les lycéens français ont *(une pause)* **une récréation** de 20 minutes.
h) À l'université, il *(étudie la médecine)* **fait des études de médecine**.
i) Elle a été punie pendant *(la leçon)* **le cours** de français.

Exercice 12

a) Certains professeurs sont *indulgents*, d'autres sont très **sévères**.
b) Il y a des élèves *qui travaillent beaucoup* et d'autres qui sont **paresseux**.
c) À l'école, il y a des matières *faciles* et des matières **difficiles/dures**.
d) Cet élève va *passer dans la classe supérieure*, et celui-là va devoir **redoubler**.
e) Vous pouvez *réussir* ou **rater** l'examen que vous passez.
f) Cette fille est *gentille* mais sa sœur est **méchante**.
g) Il est *bon* en mathématiques mais il est **mauvais** en anglais.
h) Elle est *moins bonne* que son amie en histoire mais elle est **meilleure** en géographie.
i) En France, la date des vacances n'est pas la même pour tout le monde. Il y a des élèves qui *ont classe* et d'autres qui **sont en vacances**.
j) Les parents peuvent choisir de mettre leurs enfants dans *un lycée d'État* ou dans une **école libre/école privée**.

Exercice 13

a) Pour *accueillir* les jeunes étrangers, on recherche des familles d'**accueil**.
b) Pour *apprendre* un métier, il faut parfois quelques années d'**apprentissage**.
c) Vous pouvez *choisir* le bac que vous passerez. Vous avez le **choix**.
d) *Éduquer* les jeunes n'est pas toujours facile et l'**éducation** est si importante.
e) Pour *interroger* les élèves, le professeur leur fait faire une **interrogation** écrite.
f) Il veut *inviter* son correspondant, il lui a envoyé une **invitation**.
g) Il est parfois nécessaire de *punir* mais la **punition** n'est pas trop sévère.
h) Ils ont voulu se *rencontrer*, leur **rencontre** a eu lieu cet été.
i) Il a fallu *traduire* le discours du maire, la **traduction** a été faite par un interprète.

j) Il est difficile d'*enseigner* dans des classes surchargées. Les **enseignants** demandent moins d'élèves par classe.

xercice 14

					1	C	O	R	R	E	S	P	O	N	D	A	N	T
					2	L	Y	C	É	E	N							
								3	C	V								
4	B	A	C	C	A	L	A	U	R	É	A	T						
			5	R	E	N	T	R	É	E								
			6	J	U	M	E	L	A	G	E							
							7	S	T	A	G	E						
				8	I	N	S	T	I	T	U	T	E	U	R			
						9	P	R	O	F	E	S	S	E	U	R		
			10	A	P	P	R	E	N	T	I							

xercice 15

Ce que font les professeurs

a) Ils **corrigent** les fautes des élèves.

b) Ils **punissent** les élèves qui travaillent mal.

c) Ils **enseignent** une langue étrangère, par exemple.

d) Ils **interrogent** les élèves sur le vocabulaire ou les leçons.

e) Ils **donnent** des devoirs à faire à la maison.

Ce que font les élèves

f) Ils **redoublent** la classe si les notes sont mauvaises.

g) Ils **obéissent** à leur professeur.

h) Ils **passent** des examens.

i) Ils **sèchent** parfois les cours.

j) Ils **passent** dans la classe supérieure quand ils ont un bon bulletin.

Exercice 16

Un petit garçon demande à son (*Grundschullehrerin*) **institutrice** :

- Pardon, Madame, est-ce qu'on peut être (*bestraft*) **puni** pour quelque chose qu'on n'a pas fait ?
- Bien sûr que non, si tu n'as rien fait !
- Oh, alors, je suis bien content, je n'ai pas fait mes (*Hausaufgaben*) **devoirs**.

Exercice 17

1	**R**	**É**	V	I	S	E	R			
2	P	**R**	**É**	S	E	N	T	E	R	
3	D	I	**R**	**E**	C	T	E	U	R	
4	R	É	C	**R**	**É**	A	T	I	O	N
5	S	É	V	È	**R**	**E**				
6	M	A	T	I	E	**R**	**E**			
7	R	E	N	D	**R**	**E**				
8	A	P	P	**R**	**E**	N	D	R	E	
9	E	T	**R**	**E**						
10	P	**R**	**E**	N	D	R	E			
11	**R**	**E**	N	T	R	É	E			

Loisirs – Sports – Vacances

xercice 18

a)	Quelque chose qui est réservé aux jeunes et qui coûte moins cher que l'hôtel.	**l'auberge de jeunesse**
b)	Un sport qui se pratique dans une piscine.	**la natation**
c)	Une période agréable pendant laquelle les élèves n'ont pas classe.	**les vacances**
d)	Quelque chose qu'on prend pour dormir dessous quand on fait du camping.	**la tente**
e)	Quelque chose qui permet de se déplacer sur l'eau quand il y a du vent.	**la voile**
f)	Quelque chose qu'il faut faire pour améliorer ses performances dans un sport.	**s'entrainer**
g)	Une série de matchs qui se termine par une finale.	**un tournoi**
h)	L'ensemble des sports qui se pratiquent dans la neige.	**les sports d'hiver**
i)	Un endroit au bord de la mer fait de sable ou de galets *(Kies)*.	**la plage**

xercice 19

a) Grenoble : à la montagne
Nice : au bord de la mer

b) la grande ville : bruyante
la campagne : **calme**

c) le travail : fatigant
les vacances : **reposantes**

d) les adultes : hôtel
les jeunes : auberge de jeunesse

e) à la montagne : faire du ski
à la mer : nager/faire de la planche à voile

f) nager : la natation
se distraire : **la distraction**

g) 1 km à pied : une promenade
20 km à pied : **une randonnée**

Exercice 20

a)
- la tente
- la caravane
- ~~la bicyclette~~
- le camping-car

la bicyclette ne sert pas au camping

b)
- la natation
- la course à pied
- le ski
- ~~la lecture~~

la lecture n'est pas un sport

c)
- le football
- le tennis
- ~~la natation~~
- le handball

la natation ne se fait pas avec un ballon

d)
- le nageur
- l'alpiniste
- le footballeur
- ~~le téléspectateur~~

un téléspectateur n'est pas un sportif

e)
- la lecture
- ~~les devoirs~~
- le bricolage
- le sport

les devoirs ne sont pas un loisir

f)
- se distraire
- se divertir
- s'amuser
- ~~s'ennuyer~~

s'ennuyer n'est pas un passe-temps agréable

Exercice 21

a) partir **en** vacances
b) aimer jouer **en** plein air
c) aller **à la** montagne
d) partir **en** voiture
e) faire **du** ski
f) jouer **au** tennis
g) faire **de la** planche à voile
h) jouer **de** la guitare
i) jouer **en** équipe
j) sortir **en** boite
k) dormir **sous** la tente
l) faire **du** vélo
m) acheter des patins **à** glace
n) faire **du** sport

Exercice 22

a)

B A L L O N

b)

C A R A V A N E

c)

S T A D E

d) 

e) 

f) 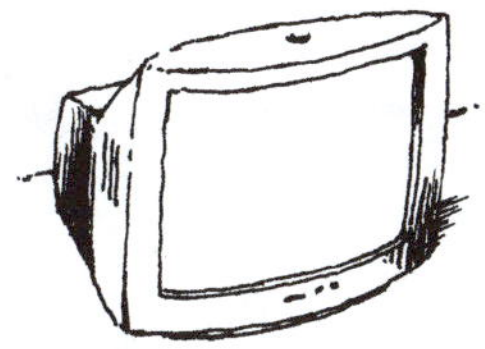

C	A	M	P	I	N	G	-	C	A	R

P	L	A	G	E

T	E	L	E	V	I	S	E	U	R

Michel passe ses vacances en

B	R	E	T	A	G	N	E
a	b	c		d	e		f

ercice 23

a) Il faut savoir partager son temps entre *le travail* et les **loisirs**.
b) Certains sports se font *à l'intérieur*, par exemple dans un gymnase, d'autres se pratiquent **en plein air**.
c) Certains films vous font *pleurer* et d'autres vous font **rire**.
d) Faire du sport est *sain*, fumer est plutôt **malsain**.
e) Ils vont se fatiguer au travail et leurs amis vont **se reposer** à la plage.
f) Cette randonnée est *sans danger*, par contre l'alpinisme est un sport **dangereux**.
g) Après le match, tous les joueurs, les *gagnants* et les **perdants**, ont pris un pot ensemble.
h) Certains vacanciers recherchent *le calme* parce qu'ils naiment pas **le bruit**.
i) J'ai trouvé ce livre *intéressant*, par contre celui-là est **ennuyeux**.
j) La natation, la planche à voile sont des *sports d'été*, le ski et le snow-board sont des **sports d'hiver**.

ercice 24

a) Si tu continues à **tricher**, je ne joue plus avec toi.
b) Tu n'as rien à **perdre** mais tout à gagner.
c) Il passe son temps devant la télé, il n'est pas très **sportif**.
d) Pour moi, la distraction la plus **reposante**, c'est écouter de la musique.
e) La France a été **championne** de football.
f) On peut **surfer** sur une planche ou sur Internet.
g) Ils n'ont pas pu jouer le match, ils avaient oublié le **ballon**.
h) Se promener avec les parents est une activité **ennuyeuse** pour beaucoup d'enfants.
i) J'ai retrouvé mes copains dans un café pour **prendre un pot**.

Exercice 25

a)

Jean aimerait **faire de la plongée sous-marine**.

b)

Corinne a envie de **faire du cheval**.

c)

Philippe voudrait **faire du bricolage**.

d)

Myriam veut **faire du surf**.

e)

Adrien aime **faire de l'alpinisme**.

f)

Anne choisit de **faire de l'auto-stop**.

Exercice 26

1					P	E	R	D	R	E		
								I				
2						P	I	S	C	I	N	E
3							E	C	R	A	N	
4		C	H	A	M	P	I	O	N			
5	B	I	C	Y	C	L	E	T	T	E		
6				M	A	T	C	H				
								E				
7				V	A	I	N	Q	U	E	U	R
8				L	E	C	T	U	R	E		
								E				

La vie quotidienne

ercice 27

a) Avant de pouvoir *acheter* une nouvelle voiture, il doit **vendre** la vieille.
b) Les uns préfèrent *économiser* leur argent, d'autres aiment mieux le **dépenser**.
c) L'*ouverture* de ce magasin est à 9 heures, la **fermeture** à 20 heures.
d) Vous pouvez faire vos courses dans *un petit magasin* ou dans **une grande surface**.
e) Si vous *tombez malade*, ce bon médecin peut vous **guérir**.
f) Aujourd'hui la boutique est *fermée*, demain elle sera **ouverte**.
g) Ce vêtement est très *cher*, par contre celui-là est **bon marché**.

ercice 28

a) Pour faire mes *achats*, je vais dans les petits magasins, mon amie fait ses **courses** dans les supermarchés.
b) Y a-t-il un *docteur* dans ce village ? Oui, nous avons un bon **médecin**.
c) Aujourd'hui, il *tombe de la pluie* et demain, il va encore **pleuvoir**.
d) Il *a* encore *envie de manger*, il **a** toujours **faim**.
e) Mon fils aussi *a* souvent *envie de boire*, il **a** souvent **soif**.
f) Beaucoup d'*acheteurs* sont venus dans le magasin, il y a beaucoup de **clients**.
g) Voyager en train est *cher* mais l'avion est encore plus **couteux**.
h) Voulez-vous du pâté comme *entrée*, ou préférez-vous un autre **hors-d'œuvre** ?

ercice 29

a) Prenez un parapluie, il va bientôt **pleuvoir**.
b) Tu peux acheter votre **billet** de train sur Internet ou au **guichet** de la gare.
c) Le docteur va voir les malades pour les **ausculter**.
d) Les enfants aident leur mère à **mettre** la table.
e) Je n'ai plus de pièces de 10 centimes, je ne peux pas vous **rendre** la monnaie.
f) Son travail est mal payé, elle voudrait bien **gagner** un peu plus d'argent.
g) Vous allez pouvoir faire du ski, je suis sûre qu'il va **neiger**.
h) C'est une maladie grave que les médicaments ne peuvent pas **guérir**.
i) Il y a beaucoup de monde dans le magasin, il va falloir **faire la queue** à la caisse.
j) L'artichaut, l'aubergine, les haricots sont des **légumes** qui poussent en été.
k) Le **ciel** est tout bleu, il n'y a pas un nuage.
l) Avant de partir à l'étranger, il va à la banque pour **changer de l'argent**.

Exercice 30

a) Ne mange pas avec les mains, prends une **fourchette**.
b) Si vous voulez bien vendre vos produits, faites de la **publicité**.
c) Le cuisinier doit être amoureux, la soupe est trop **salée**.
d) Un chewing-gum qui coute 3 euros, ce n'est pas **bon marché**.
e) Le fromage ne se mange pas avec une **cuillère**.
f) L'amour peut rendre **malade**.
g) Si vous avez peur des accidents de voiture, allez à **pied**.
h) Laissez-moi descendre ! Le **chauffeur** de ce taxi a trop bu.
i) Les poissons ne prennent jamais **froid**.
j) N'attendez pas un avion à une **station** de métro.

Exercice 31

Un monsieur, dans un restaurant, vient de finir son *(Essen)* **repas**.
Il appelle le *(Kellner)* **garçon** et lui demande *(die Rechnung)* **l'addition**.
Quelques minutes après, le *(Kellner)* **garçon** la lui présente.
Corrigez cela dit le *(Kunde)* **client** et écrivez une omelette avec deux « t ». Quelques minutes plus tard, on lui présente la correction.

Exercice 32

a)
- l'été
- ~~le nuage~~
- le printemps
- l'hiver

n'est pas une saison

b)
- ~~L'embouteillage~~
- la cuillère
- l'assiette
- le verre

ne se met pas sur la table

c)
- le billet
- le chèque
- la monnaie
- ~~L'achat~~

pas de rapport avec l'argent

d)
- le supermarché
- ~~la banque~~
- la pharmacie
- la charcuterie

n'est pas un magasin

e)
- le hors-d'œuvre
- le dessert
- ~~le couteau~~
- le fromage

n'est pas un plat

f)
- la pharmacie
- l'ordonnance
- le médicament
- ~~la recette~~

pas de rapport avec la maladie

ercice 33

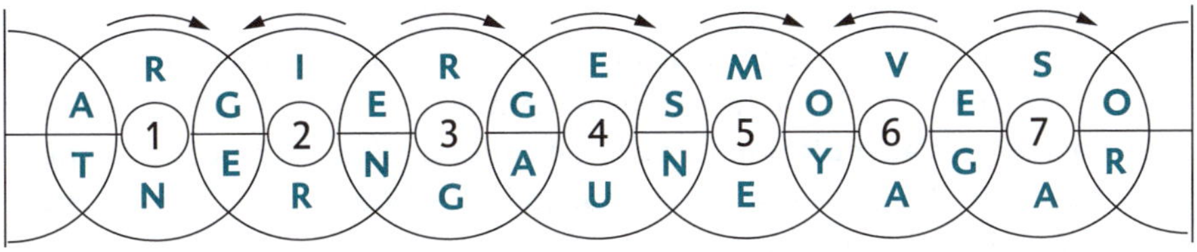

ercice 34

Restaurant la Bourride

Nos entrées :	~~mousse au chocolat~~	salade de tomates
	~~steak frites~~	terrine du chef
	~~jus de fruit~~	hors-d'œuvres variés
	~~glace à la vanille~~	soupe de poisson
nos plats principaux :	~~tarte aux pommes~~	steak frites
	~~gâteau aux fraises~~	côtelette de veau
	~~salade de tomates~~	légumes de saison
	~~café~~	rôti de bœuf
nos desserts :	~~côtelette de veau~~	mousse au chocolat
	~~légumes de saison~~	glace à la vanille
	~~terrine du chef~~	tarte aux pommes
	~~eau minérale~~	gâteau aux fraises
nos boissons :	~~rôti de bœuf~~	jus de fruit
	~~vin rouge~~	café
	~~hors-d'œuvres variés~~	eau minérale
	~~soupe de poisson~~	vin rouge

Exercice 35

Monsieur Grosjean rentre chez lui après une visite chez le **médecin** *(Arzt)*.
– Qu'est-ce qu'il t'a dit ? lui demande sa femme.
– Et bien, il m'a **ausculté** *(untersucht)*, ensuite il m'a fait une **ordonnance** *(Rezept)*. Je dois prendre un **comprimé** *(Tablette)* après chaque **repas** *(Essen)* pendant toute ma vie.
– Oh, dit sa femme, ce n'est pas **grave** *(schlimm)*, beaucoup de gens doivent prendre chaque jour des **médicaments** *(Arzneien)*.
– Oui, mais il m'a donné seulement trois **comprimés** *(Tabletten)*.

Les jeunes et la culture

Exercice 36

tourner **un film**	en boîte
sculpter **une sculpture**	une chanson
publier **un livre**	un disque
peindre **un tableau**	un film
se maquiller **le visage**	un livre
danser **un tango**	un musée
applaudir **une vedette**	un opéra
enregistrer **un disque**	une sculpture
chanter **une chanson**	à un spectacle
sortir **en boite**	une vedette
assister **à un spectacle**	un tableau
composer **un opéra**	un tango
visiter **un musée**	un vêtement
porter **un vêtement**	le visage

Exercice 37

a) Ce **couturier** a créé des vêtements très élégants.
b) Chers **auditeurs**, merci d'écouter notre émission.
c) La **publicité** donne envie aux jeunes d'acheter beaucoup de choses.
d) Il a eu très peur, il est allé voir un film d'**horreur**.
e) Pour m'informer à la télé je regarde les **actualités**.

f) Au musée du Louvre, on peut voir des **tableaux** de peintres célèbres.
g) Nous sommes allés au théâtre voir une **pièce** de Molière.
h) Avant d'entrer en scène le chanteur a peur, il a le **trac**.
i) Les nouveaux modèles du couturier sont présentés par des **mannequins**.
j) Cette chanteuse est une grande **vedette** très aimée du public.
k) Pour pouvoir écouter sa musique pendant la promenade, il prend un **lecteur MP3**.
l) Astérix et Obélix sont les héros d'une **bande dessinée** très connue.

ercice 38

				1	P	O	L	I	C	I	E	R
	2	E	C	O	U	T	E	U	R			
				3	B	A	N	D	E			
		4	G	A	L	E	R	I	E			
5	D	E	S	S	I	N						
			6	E	C	R	A	N				
			7	F	I	L	M					
8	S	P	E	C	T	A	T	E	U	R		
			9	M	E	D	I	A	S			

ercice 39

a) J'*adore* la musique moderne mais je **déteste** la musique classique.
b) Cette jeune fille est *mal habillée*, mais son amie est très **élégante**.
c) Cette robe est *à la mode*, ce pantalon est **démodé**.
d) Deux artistes seront présentés, l'un est *inconnu*, l'autre est déjà **célèbre**.
e) Ils *n'ont pas aimé* le livre mais le film va peut-être leur **plaire**.
f) Le soir, il y a des gens qui aiment *rester chez eux* et d'autres qui veulent **sortir**.
g) Mon père *ne sait jamais rien*, mais ma mère est toujours **au courant** de tout.
h) Le jaune est la couleur que j'*aime le moins*, le rouge est ma couleur **préférée**.

Exercice 40

a)
- le public
- le téléspectateur
- ~~le chanteur~~
- l'auditeur

n'est pas le public

b)
- ~~la scène~~
- le film policier
- le dessin animé
- la pièce de théâtre

n'est pas un spectacle

c)
- le couturier
- le vêtement
- la mode
- ~~la beauté~~

pas de rapport avec les vêtements

d)
- le concert
- ~~la sculpture~~
- l'orchestre
- le musicien

pas de rapport avec la musique

e)
- applaudir
- admirer
- ~~visiter~~
- adorer

pas de rapport avec aimer un spectacle

f)
- l'acteur
- le chanteur
- le danseur
- ~~le lecteur MP3~~

n'est pas un artiste

g)
- célèbre
- populaire
- ~~culturel~~
- connu

pas de rapport avec la popularité

h)
- la revue
- ~~le spectacle~~
- le journal
- le roman policier

n'est pas quelque chose qu'on lit

i)
- le théâtre
- le cinéma
- la télévision
- ~~la discothèque~~

n'offre pas de spectacle

Exercice 41

a)	Quelque chose qu'on montre dans une galerie pour présenter le travail d'un artiste.	**une exposition**
b)	Un film fait avec une bande dessinée.	**un dessin animé**
c)	Rouge, jaune,… c'est important pour les vêtements si on veut être à la mode.	**la couleur**
d)	Quelque chose qui est présenté à la radio ou à la télé.	**une émission**
e)	Quelqu'un qui dirige les acteurs pendant le tournage d'un film.	**le metteur en scène**

f)	Un orchestre formé de quelques jeunes qui jouent une musique moderne.	**un groupe**
g)	L'ensemble des personnes qui assistent à un spectacle.	**le public**
h)	La pièce où travaillent le peintre et le couturier.	**l'atelier**
i)	Un mot qui désigne la musique, la peinture, la danse, le cinéma.	**l'art**

Exercice 42

P I È C E

E M I S S I O N

V E T E M E N T

D E M O D E

A C T U A L I T E S

C O M P O S I T E U R

A C T E U R

P U B L I C

M U S I C I E N

S C E N E

P O L I C I E R

M A N N E Q U I N

O P E R A

E C R A N

S P E C T A C L E

O R C H E S T R E

H A U T E C O U T U R E

C H A N T E U R

R E P O R T A G E

C O U T U R I E R

le théâtre

- pièce
- acteur
- public
- scène
- spectacle

la télévision

- émission
- actualités
- policier
- écran
- reportage

la mode

- **vêtement**
- **démodé**
- **mannequin**
- **haute couture**
- **couturier**

la musique

- **compositeur**
- **musicien**
- **opéra**
- **orchestre**
- **chanteur**

Exercice 43

enregistrer un disque	**tourner** un film
chanson : chanteur	cinéma : **acteur**
sculpteur : sculpture	**peintre** : tableau
regarder un spectacle	**écouter** de la musique
créer une mode	**composer** un opéra
une exposition de peinture	une pièce de **théâtre**
journal : article	télévision : **émission**
mode : couturier	musique : **compositeur/musicien**
visiter : musée	danser : **bal**
musicien : orchestre	**guide** : musée

xercice 44

A	E	U	Q	H	F	P	D	R	E	B	V	T	G
T	O	C	Y	L	S	A	Z	W	H	X	J	C	O
I	G	M	O	Z	F	O	X	H	A	N	E	Q	A
D	I	S	Q	U	E	S	V	I	U	Z	P	B	N
N	E	E	J	H	T	Q	C	T	T	L	Y	Q	M
K	I	C	A	H	N	E	H	F	–	I	G	S	I
X	M	W	P	S	M	K	U	R	P	Y	K	A	C
A	T	C	T	D	Z	L	E	R	A	U	F	M	R
O	S	G	S	I	E	F	R	I	R	D	A	I	O
E	U	O	F	D	E	J	H	W	L	O	V	I	G
R	A	P	N	Z	C	O	N	C	E	R	T	C	R
J	M	A	V	O	Y	B	Z	T	U	N	H	A	P
L	B	A	L	L	A	D	E	U	R	S	K	U	D

La famille et les amis

Exercice 45

Premier **chagrin** d'amour

Julie, une **adolescente** de 13 ans a rencontré Marc à la disco.
Ils ont dansé ensemble et il l'a **draguée**. Il était très beau, et Julie est tout de suite **tombée amoureuse** de lui. Ils se sont donné **rendez-vous** le lendemain. Julie était très **heureuse**. Le soir, elle a tout raconté à Brigitte, sa meilleure **copine**. Elle avait besoin de **se confier** à quelqu'un, et elle avait **confiance** en son amie. Brigitte est jolie, mais les garçons ne l'aiment pas, elle est **jalouse** de Julie. Marc lui plaît bien, à elle aussi. Elle l'avait déjà remarqué la semaine dernière dans une **boum** chez un **copain** de sa classe. Tant pis pour Julie ! elle va essayer de lui prendre Marc.
Julie n'a jamais su comment son amie a fait pour réussir aussi vite, mais quand elle est arrivée devant chez Marc, elle a vu le jeune homme **embrasser** Brigitte.
Elle a été très **malheureuse** et elle a beaucoup **pleuré**. À 13 ans, l'**amour** est très important. Heureusement, il y a d'autres garçons et l'un d'eux va sûrement la **consoler**.

Exercice 46

a) Il ne s'entend pas très bien avec ses parents, il y a beaucoup de **conflits** entre eux.
b) Il espérait voir son amie ce soir, elle n'est pas là, il est **déçu**.
c) Regardez les deux amoureux, ils forment un beau **couple**.
d) Elle a longtemps hésité, elle a bien réfléchi et elle a pris sa **décision**.
e) Il est fâché ? Oui, il est très en **colère**.
f) Elle veut absolument réussir ses études pour ne pas **décevoir** ses parents.
g) Il a besoin de liberté, il ne supporte pas la **contrainte**.
h) Ils se sont séparés après de nombreuses **disputes**.
i) Je vous aiderai, vous pouvez **compter** sur moi.
j) Les jeunes ont beaucoup de problèmes, il faut se montrer **compréhensif** envers eux.
k) Il a souvent déçu ses copains, ils n'ont plus **confiance** en lui.
l) Il faut que je parle à mon père. Ce soir, nous aurons une longue **conversation**.

Exercice 47

Elle a pris la décision…	d	a	… de ne pas comprendre ses problèmes.
Je suis en colère…	i	b	… pour ne pas décevoir ses parents.
Ils se sont donné rendez-vous…	g	c	… avant de se marier.
Il faut bien réfléchir…	c	d	… de partir seule en vacances.
Je vous demande pardon…	f	e	… d'une grosse déception amoureuse.
Il a consolé sa sœur…	h	f	… de vous déranger.
Il reproche à ses parents…	a	g	… dans le jardin public.
En ce qui concerne son argent de poche…	j	h	… qui était très triste.
Il fait beaucoup d'efforts…	b	i	… contre le professeur de maths qui m'a puni.
Elle souffre beaucoup…	e	j	… il n'en a jamais assez.

Elle a pris la décision **de partir seule en vacances**.
Je suis en colère **contre le professeur de maths qui m'a puni**.
Ils se sont donné rendez-vous **dans le jardin public**.
Il faut bien réfléchir **avant de se marier**.

Je vous demande pardon **de vous déranger**.
Il a consolé sa sœur **qui était très triste**.
Il reproche à ses parents **de ne pas comprendre ses problèmes**.
En ce qui concerne son argent de poche **il n'en a jamais assez**.
Il fait beaucoup d'efforts **pour ne pas décevoir ses parents**.
Elle souffre beaucoup **d'une grosse déception amoureuse**.

xercice 48

1	**E**	**N**	S	E	M	B	L	E			
2	M	**E**	**N**	T	I	R					
3	A	V	**E**	**N**	I	R					
4	A	T	T	**E**	**N**	T	I	O	N		
5	C	O	N	T	**E**	**N**	T				
6	F	R	E	Q	U	**E**	**N**	T	E	R	
7	I	N	D	U	L	G	**E**	**N**	T		
8	I	N	D	E	P	**E**	**N**	D	A	N	T
9	P	R	E	T	**E**	**N**	T	I	E	U	X
10	D	E	F	**E**	**N**	D	R	E			
11	B	I	**E**	**N**	-	E	T	R	E		
12	S	**E**	**N**	S	I	B	L	E			
13	**E**	**N**	T	E	N	D	R	E			

xercice 49

MARC : Salut Jean-Claude. Dis, c'est vrai que tu es **tombé amoureux de** Nicole ?
JEAN-CLAUDE : Oui, je l'aime beaucoup, c'est vrai. Pourquoi ?
MARC : Eh bien, on pourrait **sortir** ensemble ce soir. Moi et mon amie Michelle, nous voulons aller à la discothèque.
JEAN-CLAUDE : Impossible, j'ai eu de très mauvaises notes à l'école et mes parents m'ont **interdit de/défendu de** quitter la maison.
MARC : Mais c'est samedi aujourd'hui ! Ils ne peuvent pas te **défendre de** voir ta petite amie !
JEAN-CLAUDE : C'est vrai, mais je n'**ose** pas désobéir **à** mes parents. Je tiens beaucoup **à** la paix dans la famille.

MARC : Écoute, tu sais que tu peux **compter sur** moi. On va trouver une solution. Tu veux que je parle **à** tes parents ? Je vois bien que tu **souffres de** leur décision.

JEAN-CLAUDE : C'est gentil Marc, mais ils ne vont pas me **permettre d'**aller en boîte.

MARC : Attends, je vais m'**occuper de** tout cela. On va leur parler. Tu vas leur **promettre de** travailler sérieusement au lycée.

JEAN-CLAUDE : D'accord, mais pour ce soir, c'est trop tard. Nicole va être déçue. J'espère qu'elle ne sera pas trop **en colère contre** moi.

Exercice 50

a) 

AMOUREUX

b) 

TRISTE

c) 

MALHEUREUX

d) 

JALOUX

e) 

TIMIDE

f) 

EN COLÈRE

g) 

CONTENT

h) 

HEUREUX

i) 

DEÇU

ercice 51

a) Les jeunes ont de bons *rapports* avec leurs parents, en général, leurs **relations** sont plutôt bonnes.
b) J'aime l'*atmosphère* de ce lycée où il y a une bonne **ambiance**.
c) Mon fils n'est *pas* encore *marié*, il est toujours **célibataire**.
d) Il est gentil avec ses *amis*, il a beaucoup de **copains**.
e) Vous ne pouvez pas *défendre de* fumer, mais vous pouvez **interdire de** faire du bruit.
f) Il faut *dialoguer* avec les jeunes. Prenons le temps de **discuter** ensemble.
g) Ils veulent *élever* leurs enfants le mieux possible, ils essaient de bien les **éduquer**.
h) C'est une chose qu'on ne peut pas *laisser faire*, on ne peut pas tout **permettre**.
i) Certains jeunes *aiment mieux* les vacances en famille, d'autres **préfèrent** partir seuls.
j) Ils font des efforts pour *se comprendre*, ce n'est pas toujours facile de bien **s'entendre**.

ercice 52

Ce que les parents attendent des enfants

a) Ils doivent **obéir** quand on leur demande quelque chose.
b) Ils doivent penser à leur **avenir** quand ils préparent leurs examens.
c) Ne pas **mentir** quand on leur pose des questions.
d) Ils doivent **discuter** de leurs problèmes.
e) Ils ne doivent pas **se disputer** avec leurs frères et sœurs.
f) Ils doivent bien choisir leurs amis et ne pas **fréquenter** des jeunes qui se conduisent mal.

Ce que les enfants attendent des parents

g) Il faut leur **permettre** de sortir quand ils en ont envie.
h) Il faut leur donner **la liberté** de choisir eux-mêmes leur métier, leurs amis, etc.
i) Il faut les **protéger** contre les dangers de la vie.
j) Les parents doivent **comprendre** leurs problèmes et les aider à trouver une solution.
k) Ils doivent les **consoler** quand ils sont malheureux.
l) Les parents doivent prendre le temps de **s'occuper** d'eux, même quand ils ont du travail.

Exercice 53

A F F **E** C T **I** **O** N	B **I** **E** N - **E** T R **E**
P R **O** T **E** C T **I** **O** N	D **É** C **E** P T **I** **O** N
C **O** N F L **I** T	**A** M **I** T **I** **E**
C H **A** L **E** **U** R	R **E** P R **O** C H **E**
S **O** **U** F F R **I** R	R **E** F **U** G **E**
A M **O** **U** R	D **I** S P **U** T **E**
I N D **I** F F **É** R **E** N C **E**	M **A** L H **E** **U** R **E** **U** X
P L **E** **U** R **E** R	S **É** C **U** R **I** T **É**

Les bon côtés	
• affection	• chaleur
• bien-être	• refuge
• protection	• amour
• amitié	• sécurité

Les mauvais côtés	
• déception	• dispute
• conflit	• indifférence
• reproche	• malheureux
• souffrir	• pleurer

Problèmes sociaux

Exercice 54

venir **en aide à qn**	un ouvrier
résoudre **un problème**	un problème
gagner **sa vie**	des mesures
prendre **des mesures**	en Amérique
mourir **de faim**	en aide à qn
se faire **du souci**	contre l'injustice
émigrer **en Amérique**	sa vie
lutter **contre l'injustice**	à temps partiel
se sentir **seul**	du souci
s'intégrer **dans la société**	de faim
embaucher **un ouvrier**	dans la société
travailler **à temps partiel**	seul

Exercice 55
a) Il s'est présenté pour la place, mais le patron ne l'a pas **embauché**.
b) Les sans-abris n'ont pas de **logement**.
c) Le **chômage** pose un vrai problème.
d) Si tu cherches du travail, lis les **petites annonces** dans le journal.
e) Loin de leur famille, les immigrés souffrent de **solitude**.
f) Les racistes sont **hostiles** envers les immigrés.
g) Il a eu de la **chance**, il a trouvé un travail intéressant.
h) Beaucoup d'immigrés ne trouvent pas de **solution** à leurs problèmes.
i) Les immigrés doivent **abandonner** leur pays pour partir à l'étranger.

Exercice 56
a) Les différences sociales sont grandes. Certains vivent dans *la richesse* et d'autres dans **la pauvreté**.
b) Vous avez le choix. Vous pouvez *accepter* ou **refuser** de faire ce travail.
c) Cette usine va *licencier* du personnel, mais on va pouvoir **embaucher** les ouvriers ailleurs.
d) La criminalité *augmente* dans les villes mais le chômage commence à **baisser/diminuer**.
e) Cet immigré *a un permis de séjour*, mais celui-là est un immigré **clandestin**.
f) Il *aime beaucoup* son travail, mais il **déteste** son patron.
g) Au lieu d'*exclure* les étrangers, il vaut mieux essayer de les **intégrer** dans la société.
h) Au début il était **hostile**, mais maintenant il est plutôt *amical* envers les immigrés.
i) Tout son *amour* s'est transformé en **haine**.
j) Dans l'échelle de la société, il était tout *en bas* et maintenant il est arrivé tout **en haut**.
k) À Paris, les *quarties riches* se trouvent surtout en centre-ville, les **quartiers défavorisés** se trouvent en banlieue.
l) En hiver, les *gens qui ont un logement* peuvent dormir au chaud, mais les **sans-abris/S.D.F.** souffrent du froid.

Exercice 57

Il se fait du souci…	h
Les immigrés clandestins…	g
Les employeurs recherchent…	e
Les demandeurs d'emploi sont…	a
Beaucoup d'immigrés se sentent…	j
Il travaille dur…	i
Les racistes refusent…	c
Les immigrés quittent leur pays…	d
Les préjugés, l'intolérance et la haine…	b
Sans papiers et sans permis de travail…	f

a … à la recherche d'un travail
b … conduisent au racisme et à la violence.
c … d'intégrer les immigrés dans leur société.
d … dans l'espoir de vivre mieux dans un pays étranger.
e … des ouvriers qualifiés.
f … les immigrés risquent d'être renvoyés dans leur pays.
g … n'ont pas de permis de séjour.
h … parce qu'il ne trouve pas de travail.
i … pour gagner sa vie et nourrir sa famille.
j … seuls et abandonnés.

Il se fait du souci **parce qu'il ne trouve pas de travail**.
Les immigrés clandestins **n'ont pas de permis de séjour**.
Les employeurs recherchent **des ouvriers qualifiés**.
Les demandeurs d'emploi sont **à la recherche d'un travail**.
Beaucoup d'immigrés se sentent **seuls et abandonnés**.
Il travaille dur **pour gagner sa vie et nourrir sa famille**.
Les racistes refusent **d'intégrer les immigrés dans leur société**.
Les immigrés quittent leur pays **dans l'espoir de vivre mieux dans un pays étranger**.
Les préjugés, l'intolérance et la haine **conduisent au racisme et à la violence**.
Sans papiers et sans permis de travail **les immigrés risquent d'être renvoyés dans leur pays**.

Exercice 58

a) Beaucoup de gens âgés vivent *seuls*. La **solitude** est un problème de notre s.
b) Il n'*espère* plus rien. Il a perdu tout **espoir**.
c) Je suis sûr que tu *réussiras*. Ce sera même une belle **réussite**.
d) Non, c'est *impossible*, je ne vois aucune **possibilité**.
e) La capitale a beaucoup à *offrir*, mais les **offres** d'emploi ne suffisent pas.
f) Certains jeunes sont *agressifs* parce qu'ils ont été eux-mêmes victimes d'une **agression**.

g) L'État garantit la *tolérance* religieuse. Il demande de **tolérer** toute religion.
h) Les gens *se méfient* de ce qu'ils ne connaissent pas. Cette **méfiance** mène au racisme.
i) Il va être *licencié*. Son **licenciement** va poser un problème à sa famille.
j) Il ne faut pas *perdre* courage après la **perte** de son emploi.

Exercice 59

1			R	A	C	I	S	T	E	
2	M	I	S	E	R	E				
3		I	M	M	I	G	R	E	R	
4				E	M	P	L	O	I	
5		S	O	L	I	T	U	D	E	
6	É	T	R	A	N	G	E	R		
7				H	A	I	N	E		
8			S	O	L	U	T	I	O	N
9		P	A	P	I	E	R	S		
10		C	O	U	T	U	M	E	S	
11		A	G	R	E	S	S	E	R	

Exercice 60

a)
la criminalité
la violence
l'agression
~~le racisme~~

n'est pas une agression physique, une brutalité

b)
l'emploi
le travail
~~le patron~~
la place

n'est pas une place de travail

c)
refuser
~~ressentir~~
rejeter
exclure

pas de rapport avec « ne pas accepter qc »

d)
~~la menace~~
la misère
la pauvreté
le besoin

n'est pas un problème d'argent

e)
menacer
agresser
~~attirer~~
lutter

pas de rapport avec la violence

f)
l'intolérance
la méfiance
la haine
~~la justice~~

quelque chose de positif

Exercice 61 Quand les immigrés arrivent dans le pays où ils ont décidé de vivre, ils ont beaucoup de problèmes. Souvent, ils ne parlent pas la **langue** du pays. Ensuite pour pouvoir rester, il leur faut un **permis de séjour**. Ils sont **attirés** par notre société de consommation et par les **conditions** de vie qui sont meilleures que chez eux. Pour leur venir en **aide**, on leur cherche un logement et du travail. Souvent les **employeurs** ne veulent pas les embaucher, parce qu'ils n'ont pas de **qualification** professionnelle. L'ignorance et l'intolérance sont la cause des **préjugés** que certaines personnes ont contre les immigrés. Ils sont rejetés à cause de la couleur de leur **peau**. Pourtant avec beaucoup de **volonté**, ils arrivent à trouver leur place dans la **société**.

Exercice 62

1	**R**	**I**	C	H	E	S	S	E			
2	C	**R**	**I**	M	I	N	A	L	I	T	E
3	S	T	**R**	**I**	C	T					
4	O	U	V	**R**	**I**	E	R				
5	N	O	U	R	**R**	**I**	R				
6	T	E	R	**R**	**I**	B	L	E			
7	A	B	**R**	**I**							
8	C	**R**	**I**	S	E						
9	**R**	**I**	S	Q	U	E	R				

Sciences et techniques

Exercice 63

a)	Quelque chose qu'on respire et qui est souvent pollué par la fumée et les gaz toxiques.	**l'air**
b)	Quelque chose qui remplace une lettre et qui permet de communiquer sur Internet.	**le courriel/l'e-mail**
c)	Quelqu'un qui surfe sur Internet.	**l'internaute**
d)	Une grosse pollution de la mer ou de l'océan.	**la marée noire**

e)	Quelque chose qui pose des problèmes parce qu'il y a trop de voitures.	**la circulation**
f)	Un petit animal ou un petit appareil pour travailler avec l'ordinateur.	**la souris**
g)	Ceux du soleil peuvent être dangereux.	**les rayons**
h)	Quelque chose qu'il faut faire quand on a fini de travailler avec un appareil.	**éteindre**
i)	Celle de l'Amérique a été faite il y a plus de 500 ans.	**la découverte**
j)	Un endroit où les chercheurs font leurs recherches et leurs expériences.	**le laboratoire**

Exercice 64

a) Il faut apprendre à *(se servir d')* **utiliser** un ordinateur.
b) *(Au futur)* **À l'avenir**, il faudra trouver d'autres sources d'énergie.
c) Les écologistes veulent *(préserver)* **protéger** la nature.
d) Souvent les plages sont *(malpropres)* **sales** à cause des touristes qui laissent des déchets.
e) Le T.G.V. roule très *vite*, c'est un train très **rapide**.
f) Par le train, on peut *(aller)* **se rendre** de Paris à Lyon en moins de deux heures.
g) Il y a un *(programme)* **logiciel** spécial anti-virus pour protéger les ordinateurs.
h) Il faut empêcher certaines industries de *(salir)* **polluer** l'environnement.
i) Ne laissez pas vos *(ordures)* **déchets** n'importe où, utilisez les poubelles.

Exercice 65

a)

supprimer
enregistrer
surfer
~~déranger~~

pas de rapport avec l'ordinateur

b)

la pollution
~~la découverte~~
la fumée
le gaz

pas de rapport avec la pollution

c)

~~l'avenir~~
le fichier
le courriel
l'imprimante

pas de rapport avec l'informatique

d)

préserver
protéger
respecter
~~gaspiller~~

n'est pas synonyme de protéger la nature

e)

la souris
la touche
~~le sol~~
le site

pas de rapport avec l'ordinateur

f)

la recherche
~~l'usine (f.)~~
le laboratoire
les sciences (f./pl.)

pas de rapport avec la science

Exercice 66

a) L'ordinateur est **capable** de faire des millions d'opérations en peu de temps.
b) Vous pouvez **envoyer** un e-mail avec votre ordinateur.
c) Il faut apprendre aux enfants à ne pas **gaspiller** l'eau.
d) Le T.G.V. peut **atteindre** une très grande vitesse.
e) Quand on prend le train, il faut **se renseigner** sur les heures de départ et d'arrivée.
f) Certains gaz industriels sont **toxiques**.
g) Il est défendu de voyager sans **billet**.
h) Aujourd'hui, vous pouvez téléphoner de partout grâce au **portable**.
i) La **découverte** d'un médicament peut sauver beaucoup de vies.
j) Pour être mieux connues, beaucoup d'entreprises ont un **site** Internet.

Exercice 67

a) Article défini : **la**.
b) Une catastrophe quand il se passe dans votre ordinateur : **bo gue**.
c) Le contraire de lent : **ra pi de**.
d) Travaillons tous les deux, **toi** et moi.
e) Une découverte est souvent le résultat d'une longue **re cher che**.
Le mot caché est : **la bo ra toi re**.

Exercice 68

1	I	M	P	R	I	M	A	N	T	E			
2	N	A	T	U	R	E							
3	T	R	A	I	N								
4	E	N	V	I	R	O	N	N	E	M	E	N	T
5	R	E	C	H	E	R	C	H	E				
6	N	E	T	T	O	Y	E	R					
7	E	N	V	O	Y	E	R						
8	T	E	R	R	E								

Exercice 69

1	R	E	C	H	E	R	C	H	E			
2	O	R	D	I	N	A	T	E	U	R		
3					V	I	R	U	S			
4	G	A	S	P	I	L	L	E	R			
5			É	C	R	A	N					
6				T	O	U	C	H	E			
7		A	V	E	N	I	R					
8				I	N	U	T	I	L	E		
9		V	I	T	E	S	S	E				
10		C	L	I	M	A	T					
11	F	U	M	E	E							
12			R	E	N	S	E	I	G	N	E	R
13					T	R	A	I	N			

Exercice 70

a) Quand on a souvent besoin d'un appareil, on dit qu'il est **utile**.
b) L'arme la plus dangereuse est **atomique**.
c) Quand il y a des embouteillages, la circulation est **lente**.
d) Si on jette les déchets par terre, les rues sont **sales**.
e) Quand on peut boire une eau, elle est **pure**.
f) Les gaz rejetés par les usines et les voitures sont **toxiques**.
g) Les grosses voitures d'aujourd'hui ont un moteur qui est **puissant**.
h) La protection de la nature est une mesure **écologique**.
i) L'ordinateur est un appareil **scientifique**.
j) Le T.G.V. est un train **rapide**.

Exercice 71

Les voyageurs se rendent à la gare…	h
Le téléphone portable…	j
Les savants font des recherches…	i
Le virus est un danger pour l'homme…	e
La protection de la nature…	c
Les gaz des voitures et des usines…	g
Les sciences et la technique d'aujourd'hui…	f
Les jeux électroniques…	d
L'informaticien a perdu tout son fichier…	a
Le climat de notre planète…	b

a … après que l'ordinateur s'est planté.
b … est dérangé par la pollution.
c … est un devoir pour tout le monde.
d … intéressent beaucoup les jeunes enfants.
e … mais aussi pour l'ordinateur.
f … permettent de faire des découvertes intéressantes.
g … polluent l'air.
h … pour prendre le T.G.V.
i … pour trouver le moyen de lutter contre la maladie.
j … remplace les cabines téléphoniques.

Les voyageurs se rendent à la gare **pour prendre le T.G.V**.
Le téléphone portable **remplace les cabines téléphoniques**.
Les savants font des recherches **pour trouver le moyen de lutter contre la maladie**.
Le virus est un danger pour l'homme **mais aussi pour l'ordinateur**.
La protection de la nature **est un devoir pour tout le monde**.
Les gaz des voitures et des usines **polluent l'air**.
Les sciences et la technique d'aujourd'hui **permettent de faire des découvertes intéressantes**.
Les jeux électroniques **intéressent beaucoup les jeunes enfants**.
L'informaticien a perdu tout son fichier **après que l'ordinateur s'est planté**.
Le climat de notre planète **est dérangé par la pollution**.

Richtig lernen, bessere Noten

7 Tipps wie's geht

1. 15 Minuten geistige Aufwärmzeit Lernforscher haben beobachtet: Das Gehirn braucht ca. eine Viertelstunde, bis es voll leistungsfähig ist. Beginne daher mit den leichteren Aufgaben bzw. denen, die mehr Spaß machen.

2. Ähnliches voneinander trennen Ähnliche Lerninhalte, wie zum Beispiel Vokabeln, sollte man mit genügend zeitlichem Abstand zueinander lernen. Das Gehirn kann Informationen sonst nicht mehr klar trennen und verwechselt sie. Wissenschaftler nennen diese Erscheinung „Ähnlichkeitshemmung".

3. Vorübergehend nicht erreichbar Größter potenzieller Störfaktor beim Lernen: das Smartphone. Es blinkt, vibriert, klingelt – sprich: es braucht Aufmerksamkeit. Wer sich nicht in Versuchung führen lassen möchte, schaltet das Handy beim Lernen einfach aus.

4. Angenehmes mit Nützlichem verbinden Wer englische bzw. amerikanische Serien oder Filme im Original-Ton anschaut, trainiert sein Hörverstehen und erweitert gleichzeitig seinen Wortschatz. Zusatztipp: Englische Untertitel helfen beim Verstehen.

5. In kleinen Portionen lernen Die Konzentrationsfähigkeit des Gehirns ist begrenzt. Kürzere Lerneinheiten von max. 30 Minuten sind ideal. Nach jeder Portion ist eine kleine Verdauungspause sinnvoll.

6. Fortschritte sichtbar machen Ein Lernplan mit mehreren Etappenzielen hilft dabei, Fortschritte und Erfolge auch optisch sichtbar zu machen. Kleine Belohnungen beim Erreichen eines Ziels motivieren zusätzlich.

7. Lernen ist Typsache Die einen lernen eher durch Zuhören, die anderen visuell, motorisch oder kommunikativ. Wer seinen Lerntyp kennt, kann das Lernen daran anpassen und erzielt so bessere Ergebnisse.